普通高等教育"十三五"规划教材
河南省"十二五"普通高等教育规划教材

工程材料与成形工艺基础作业集

第2版

徐晓峰　张万红　梁新合　编

机械工业出版社

本作业集是依据最新出版的、由徐晓峰主编的《工程材料与成形工艺基础》(第2版)的内容编写的配套教材,是在总结多年来的教学实践经验、吸纳教改成果的基础上编写而成的。本次修订对原作业集的内容进行了更新和充实,删减了答案含糊的部分内容,增加了更多贴近生产实际的题目。本作业集共有八个大作业,依次为:工程材料、金属的液态成形、金属的塑性成形、材料的焊接成形和切削加工(1~4),另附有各部分自测题及答案。

本作业集可供高等工科院校机械类、机电类及近机类各专业本、专科生使用。

图书在版编目(CIP)数据

工程材料与成形工艺基础作业集/徐晓峰,张万红,梁新合编.—2版.—北京:机械工业出版社,2017.12
河南省"十二五"普通高等教育规划教材　普通高等教育"十三五"规划教材
ISBN 978-7-111-58150-5

Ⅰ.①工⋯　Ⅱ.①徐⋯②张⋯③梁⋯　Ⅲ.①工程材料－成型－高等学校－教材　Ⅳ.①TB3

中国版本图书馆 CIP 数据核字(2017)第 241789 号

机械工业出版社(北京市百万庄大街22号　邮政编码100037)
策划编辑:刘小慧　责任编辑:刘小慧　程足芬
责任校对:王　欣　封面设计:张　静
责任印制:孙　炜
保定市中画美凯印刷有限公司印刷
2018年1月第2版第1次印刷
184mm×260mm・9.75印张・110千字
0 001—3 000册
标准书号:ISBN 978-7-111-58150-5
定价:23.00元

凡购本书,如有缺页、倒页、脱页,由本社发行部调换

电话服务	网络服务
服务咨询热线:010 - 88379833	机 工 官 网:www.cmpbook.com
读者购书热线:010 - 88379649	机 工 官 博:weibo.com/cmp1952
	教育服务网:www.cmpedu.com
封面无防伪标均为盗版	金　书　网:www.golden - book.com

前　　言

本作业集是依据徐晓峰主编的《工程材料与成形工艺基础》（第 2 版）的内容编写的配套教材，是在总结多年来的教学实践经验吸纳教改成果的基础上编写而成的。本次修订对原作业集的内容进行了更新和充实，删减了答案含糊的部分内容，增加了更多贴近生产实际的题目。

本作业集于 2015 年被审定为河南省"十二五"普通高等教育规划教材。

本作业集包括八个大作业，依次为：工程材料、金属的液态成形、金属的塑性成形、材料的焊接成形和切削加工（1~4），另附有各部分的自测题及答案。

本作业集中的题目有填空题、简答题与应用题等形式。自测题为判断题和选择题。所选题目反映了课程基本要求并尽量与生产实际相结合，以便于培养学生分析、解决实际问题的能力。每题中均留有空白，便于学生直接在作业集上做答，也便于教师审阅批改。

本作业集可供高等工科院校机械类、机电类及近机类各专业本、专科生使用。

本作业集由河南科技大学徐晓峰、张万红、梁新合编写。

本作业集中的部分题目选自其他兄弟院校的教材，谨向各题目的设计者表示谢意。由于编者水平有限，书中难免出现不妥之处，敬请读者指正。

编　者

目 录

前言
作业一　工程材料 ··· 1
作业二　金属的液态成形 ·· 7
作业三　金属的塑性成形 ··· 17
作业四　材料的焊接成形 ··· 23
作业五　切削加工 1 ·· 27
作业六　切削加工 2 ·· 30
作业七　切削加工 3 ·· 37
作业八　切削加工 4 ·· 39
自测题 ·· 48
　一、工程材料 ·· 48
　二、金属的液态成形 ··· 53
　三、金属的塑性成形 ··· 57
　四、材料的焊接成形 ··· 62
　五、切削加工 ·· 66
自测题答案 ·· 73

作业一　工程材料

一、填空题

1. 按照组成分类，工程材料可分为_____、_____、_____、_____。
2. 工程材料的主要性能分为①_____性能和②_____性能。其中，①又包括_____性能、_____性能和_____性能等。
3. 通过拉伸试验可测得的强度指标主要有_____和_____；可测得的塑性指标有_____和_____。
4. 材料在外力作用下，首先发生_____变形，继而进入_____变形。对于塑性材料，其选材的依据是_____强度；对于脆性材料，其选材的依据是_____强度。
5. 典型的金属晶体结构有_____、_____和_____三种类型。α-Fe 属于_____晶格，γ-Fe 属于_____晶格，δ-Fe 属于_____晶格。
6. 纯铁具有同素异晶性，在加热升温过程中，_____温度时发生第一次同素异晶转变，由_____立方晶格 α-Fe 转变为_____立方晶格的 γ-Fe。在_____温度时发生第二次同素异晶转变，由面心立方晶格_____转变为体心立方晶格的 δ-Fe。这两个转变也是结晶过程，同样遵循晶核_____和晶核_____的结晶规律。
7. 实际金属的晶体缺陷有_____、_____和_____。
8. 金属的理论结晶温度与实际结晶温度之差称为_____。金属的冷却速度越快，过冷度越_____，获得的晶粒越_____。
9. 细化金属材料的晶粒，可使金属的强度、硬度_____，塑性、韧性_____。在金属液态成形过程中细化晶粒的方法有_____、_____、_____；在固态下细化晶粒的方法有_____、_____。
10. 合金的晶体结构有_____和_____，其中_____具有良好的塑性，_____具有高的硬度和脆性。
11. 在铁碳合金的基体组织中，珠光体属于复相结构，它由_____和_____按一定比例组成。珠光体用符号_____表示。
12. 铁碳合金相结构中，属于固溶体的有_____和_____。其中_____是碳在 α-Fe 中形成的固溶体。
13. 铁碳合金的力学性能随碳的质量分数的增加，其_____和_____增高，而_____和_____降低。但当 $w_C > 1.0\%$ 时，强度随其含碳量的增加而_____。
14. 铁碳合金中，共析钢 w_C 为_____%，室温平衡组织为_____；亚共析钢 w_C 为_____%，室温平衡组织为_____；过共析钢 w_C 为_____%，室温平衡组织为_____；共晶白口铸铁 w_C 为_____%，室温平衡组织为_____；

班级		成绩	
姓名		任课教师	
学号		批改日期	

亚共晶白口铸铁 w_C 为_____%，室温平衡组织为_____；过共晶白口铸铁 w_C 为_____%，室温平衡组织为_____。

15. 按碳的质量分数的不同，碳素钢可分为_____、_____和_____三类；按硫、磷杂质质量分数的不同，钢可分为_____、_____、_____和_____四类。

16. 铁碳合金相图中，合金在冷却过程中发生的奥氏体转变为珠光体是_____反应，液体结晶生成莱氏体是_____反应。

17. 20CrMnTi 钢按化学成分分类，它属于结构钢中的_____钢，适宜制造_____等较重要的零件。

18. 40Cr、40CrMo 钢按化学成分分类，它们属于结构钢中的_____钢，适宜制造_____等零件。

19. W18Cr4V、W6Mo5Cr4V2 钢按用途分类，它们属于_____钢，主要用来制造_____。

20. 现有牌号为 25、45、65、T8、T12 的钢材经过退火后具有平衡组织。其中，抗拉强度 σ_b 最高的是_____，硬度（HBW）最高的是_____，塑性 δ 最高的是_____。在它们的组织中，铁素体最多的是_____，珠光体最多的是_____，二次渗碳体最多的是_____。

21. 钢淬火前加热的目的是_____。

22. 共析等温转变中，高温转变产物的组织，按硬度由高到低的顺序，其组织名称和表示符号分别是_____。

23. 成分相同的钢，经过不同的热处理，可以得到不同的组织，从而具有不同的力学性能。对于碳的质量分数为 0.45% 的钢，当要求具有高的硬度和耐磨性时，应进行的热处理是_____；当要求具有较高的综合力学性能时，应进行的热处理是_____；当要求具有低的硬度和良好的塑性时，应进行的热处理是_____。

二、简答题与应用题

1. 材料的常用力学性能指标有哪些？若某种材料的零件在使用过程中突然发生断裂，是由于哪些力学性能指标不足所造成的？

2. 画出低碳钢的应力－应变曲线，并简述拉伸变形的几个阶段。

班级		成绩	
姓名		任课教师	
学号		批改日期	

3. 图 1-1 所示为三种不同材料的拉伸载荷（拉力）-变形量（伸长量）曲线（试样尺寸相同），试比较这三种材料的抗拉强度、屈服强度和塑性的大小。

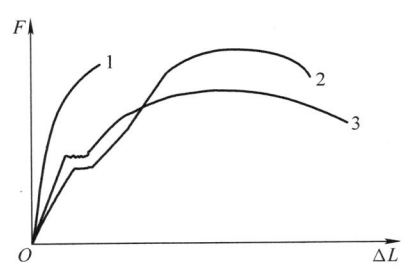

图 1-1　拉伸曲线

4. 用 20 钢制成 ϕ10mm、标距 30mm 的试样，做拉伸试验，测得屈服时的拉力为 21630N，断裂前的最大拉力为 34940N，拉断后测得标距长度为 65mm，断裂处直径为 5mm，试计算 σ_b、σ_s、δ、ψ 的值。

5. 零件的失效形式主要有哪些？简述失效形式和力学性能之间的关系。

6. 什么是同素异晶转变？请绘出纯铁的冷却曲线，并指出同素异晶转变温度和晶格类型。

班级		成绩	
姓名		任课教师	
学号		批改日期	

7. 画出 Pb－Sn 二元合金相图并简述其主要特性点、线代表的意义，并说明什么是共晶转变。

8. 图 1-2 所示为部分铁碳合金相图，请在右边的 T－t 图中画出碳质量分数 $w_C = 0.45\%$ 的铁碳合金的结晶过程，并标注出各温度段的组织。

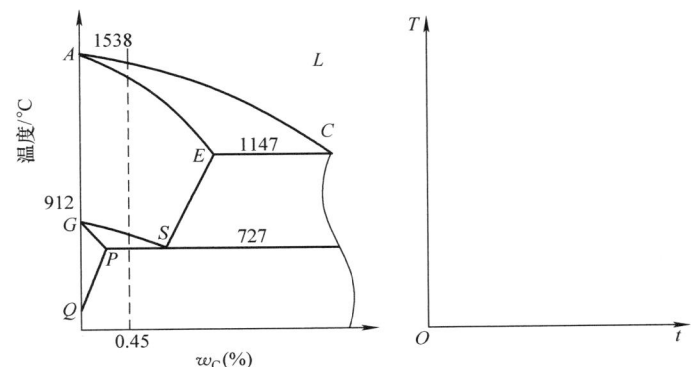

图 1-2　简化后的部分 Fe－Fe$_3$C 相图

9. 根据 Fe－Fe$_3$C 相图，解释下列现象：
   1）铁碳合金中，$w_C = 1.2\%$ 的钢比 $w_C = 0.45\%$ 的钢的硬度高。

   2）低温莱氏体比珠光体的塑性差。

   3）锻造或轧制加工，一般将钢加热到 1000～1200℃。

   4）制造铆钉一般选用低碳钢（$w_C < 0.25\%$）。

   5）制造弹簧的钢丝一般选用 $w_C = 0.65\%$ 的弹簧钢。

   6）T8（$w_C = 0.8\%$）与 Q235（$w_C = 0.16\%$）两种钢料相比，前者锯削困难，而且锯条易磨损。

班级		成绩	
姓名		任课教师	
学号		批改日期	

10. 绘出简化后的 Fe – Fe$_3$C 相图，说明其中 S 点、C 点、E 点和 ECF 线、PSK 线、GS 线、ES 线代表的意义，并将 F、A、F + P、P + Fe$_3$C$_\text{II}$、P 等相填入相图的相区内。

11. 画出简化后的 Fe – Fe$_3$C 相图，分析并写出碳质量分数 w_C 分别为 0.2%、0.77%、1.2% 的铁碳合金从液态缓冷到室温时的结晶过程和室温组织，并比较这三种合金的性能。

12. 填表并回答（表 1-1）：

表 1-1

钢号	类别										适用零件举例
	质量			碳的质量分数			成分		用途		
	普通	优质	高优	低	中	高	碳素钢	合金钢	结构钢	工具钢	
Q235											
15											
45											
60Si2Mn											
T8A											
9SiCr											
W18Cr4V											

13. 两根直径为 ϕ5mm、碳的质量分数 w_C = 0.4%、并具有平衡组织的钢棒，一端浸入 20℃ 的水中，另一端用火焰加热到 1000℃，如图 1-3 所示，待各点组织达到平衡状态后，一根缓慢冷却到室温，另一根水淬快速冷却到室温。试把这两根棒上各点的组织填入表 1-2 中。

班级		成绩	
姓名		任课教师	
学号		批改日期	

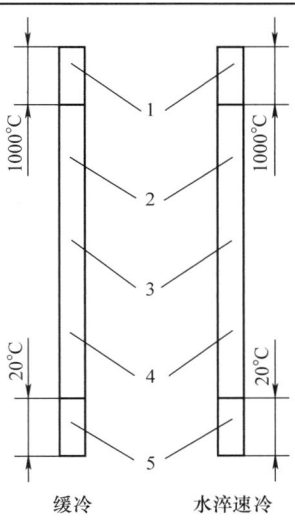

图 1-3 钢棒

表 1-2

指定点代号	1	2	3	4	5
加热时达到的温度/℃	1000	830	740	400	20
加热到上述温度时的平衡组织	A	A	A+F	F+P	F+P
第一根棒缓冷到室温后的组织					
第二根棒水淬速冷到室温后的组织					

14. 现有下列零件及可供选择的材料，给各零件选择合适的材料，并写出合适的最终热处理方法（或使用状态）。

零件名称：自行车架、连杆螺栓、车厢板簧、滑动轴承、变速齿轮、机床床身、柴油机曲轴。

可选材料：60Si2Mn、ZCuSn5Pb5Zn5、QT600-02、T12A、40Cr、HT200、Q345、20CrMnTi。

作业二　金属的液态成形

一、填空题

1. 液态金属的充型能力主要取决于合金的流动性。流动性不好的合金铸件易产生_____、_____、气孔、夹渣等铸造缺陷。
2. 影响液态合金流动性的主要因素有_____、_____、_____、不溶杂质和气体等。合金的凝固温度范围越宽，其流动性越_____。
3. 在铸造生产中，合金的浇注温度越高，其充型能力越_____；充型压力越大，其充型能力越_____；铸件的壁越厚，其充型能力越_____。
4. 任何一种液态金属注入铸型以后，从浇注温度冷却至室温都要经历三个相互联系的收缩阶段，即_____、_____和_____。导致铸件产生缩孔和缩松的根本原因是_____；导致铸件产生应力、变形、裂纹的原因是_____。
5. 在铸造生产中，合金的浇注温度越高，其收缩率越_____；铸件的壁越厚，其收缩率越_____；铸件的结构越复杂，其收缩率越_____；铸型的导热性越好，其收缩率越_____。
6. 铸件在凝固过程中所造成的体积缩减如得不到液态金属的补充，将产生缩孔或缩松。凝固温度范围窄的合金，倾向于"逐层凝固"，因此易产生_____；而凝固温度范围宽的合金，倾向于"糊状凝固"，因此易产生_____。
7. 铸造生产中，合金的结晶温度范围越小，越倾向于_____凝固。铸件内外之间的温度梯度越大，其凝固区宽度越_____。铸件的其他凝固方式还有_____凝固、_____凝固。影响合金凝固方式的因素有_____、_____。
8. 准确地估计铸件上缩孔可能产生的位置，是合理安排冒口和冷铁的主要依据。生产中确定缩孔位置的常用方法有_____、_____和_____等。
9. 顺序凝固原则主要适用于_____的合金，其目的是_____；同时凝固原则主要适用于_____的合金，其目的是_____。
10. 铸件在冷却收缩过程中，因壁厚不均匀等因素造成的铸件各部分收缩不一致而引起的内应力，称为_____；铸件收缩受到铸型、型芯及浇注系统的机械阻碍而产生的应力称为_____。
11. 铸造应力分为_____应力与_____应力。_____应力易导致铸件产生热裂纹，_____应力易导致铸件产生冷裂纹。
12. 过冷度相同时，结晶温度范围大的合金比结晶温度范围小的合金流动性_____。这是因为_____。
13. 根据铸铁中石墨形态的不同，灰铸铁可以分为_____、_____、_____和_____。其中适于生产承受交变载荷的曲轴的是_____。
14. 根据碳在铸铁中存在形式的不同，铸铁可分为_____、_____和_____。

班级		成绩	
姓名		任课教师	
学号		批改日期	

15. 影响铸铁石墨化的因素是_____和_____。铸铁中的碳、硅含量越高，其石墨化程度越_____；铸铁的壁越厚，其石墨化程度越_____。

16. HT100、HT150、HT200 均为_____，在冷却速度相同的条件下，随着牌号的提高，C、Si 含量_____，片状石墨的数量越_____，珠光体的数量越_____。

17. KTH350-10 中的 KTH 表示_____，350 表示_____，10 表示_____，典型的代表产品是_____。

18. QT700-02 中的 QT 表示_____，700 表示_____，02 表示_____，典型的代表产品是_____。

19. ZCuSn5Pb5Zn5 中的 ZCuSn 表示_____，第一个 5 表示 Sn 的含量是_____，第二个 5 表示 Pb 的含量是_____，第三个 5 表示 Zn 的含量是_____，典型的代表产品是_____。

20. ZAlSi5Cu1Mg 中的 ZAlSi 表示_____，5 表示_____，1 表示_____，Mg 的含量_____，典型的代表产品是_____。

21. 砂型铸造制造铸型的过程，可分为手工造型和机器造型。机器造型的造型方法有_____、_____、_____、_____等。

22. 特种铸造方法主要包括_____、_____、_____和_____等。

23. 在大批量生产条件下，下列铸件宜选用的铸造方法是：机床床身_____，铝活塞_____，铸铁污水管_____，汽轮机叶片_____。

24. 在铸造生产中，最基本的铸造方法是_____，生产率最高的铸造方法是_____，铸件精度最高的铸造方法是_____，适宜铸造高熔点合金的铸造方法是_____。

25. 在设计铸件时，铸件的合理壁厚应在_____和_____之间。当铸件壁厚小于_____时，易产生_____、_____铸造缺陷；当铸件壁厚大于_____时，易产生_____、_____等铸造缺陷。

26. 在设计铸件时，铸件的壁厚应均匀，避免过厚壁、大截面。铸件壁过厚，容易使铸件内部组织_____，并产生_____、_____等缺陷。

二、简答题与应用题

1. 什么是液态合金的充型能力？影响液态合金充型能力的因素有哪些？液态合金的充型能力不足时，铸件容易产生哪些缺陷？

班级		成绩	
姓名		任课教师	
学号		批改日期	

2. 什么是合金的铸造性能？衡量合金铸造性能的主要指标是什么？合金的铸造性能不足时，铸件容易产生哪些缺陷？

3. 何谓合金的收缩？合金的收缩分为哪几个阶段？合金的收缩会导致哪些铸造缺陷？

4. 什么是铸造内应力？其应力分布有何规律？它是产生哪些铸造缺陷的原因？

5. 一批铸件，经生产厂家检验，力学性能符合设计提出的 HT200 的要求。用户验收时，在同一铸件上壁厚为 18mm、26mm、35mm 处分别取样检测，测得 18mm 处抗拉强度为 203MPa；26mm 处抗拉强度为 186MPa；35mm 处抗拉强度为 170MPa。据此，用户认为该铸件不合格，理由是：
1）铸件两处抗拉强度低于 200MPa，不符合 HT200 要求。
2）铸件整体强度不均匀。
试判断用户的意见是否正确，简述理由。为什么铸件上 18mm 处的抗拉强度比 26mm、35mm 处高？铸铁牌号是否为 HT200？

班级		成绩	
姓名		任课教师	
学号		批改日期	

6. 现有三包铁液，浇注三根直径分别为 ϕ10mm、ϕ30mm、ϕ60mm 的灰铸铁试棒，测得它们的抗拉强度均为 200MPa，试问这三根试棒的化学成分和牌号是否相同？若不相同，应有何区别？为什么？

7. 有一测试铸造应力用的应力框铸件，如图 2-1 所示，凝固冷却后，用钢锯沿 AA 线锯断 ϕ30mm 的粗杆，此时断口间隙的大小会发生什么变化？为什么？

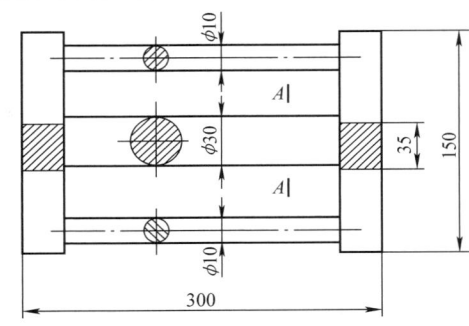

图 2-1　铸造应力框铸件

8. 灰铸铁的组织和性能主要取决于什么因素？为什么在灰铸铁中，碳和硅的质量分数越高，其强度越低？相同化学成分铸件的力学性能是否一定相同？为什么？

班级		成绩	
姓名		任课教师	
学号		批改日期	

9. 有一包铁液，其成分为 $w_C = 3.2\%$，$w_{Si} = 1.8\%$，浇注成阶梯形铸件，如图 2-2 所示。试问在不同厚度处的五个截面上的组织是否相同，各为何种组织？

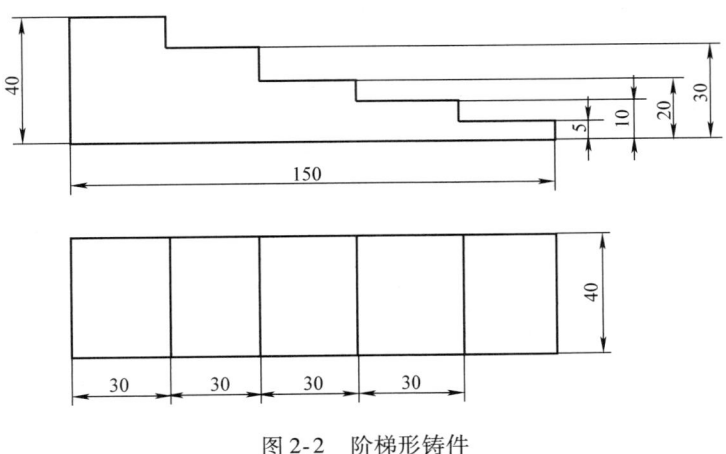

图 2-2 阶梯形铸件

10. 某厂铸造一个 $\phi1500$mm 的铸铁顶盖，有两种设计方案（图 2-3），试分析哪种方案易于生产，并简述其理由。

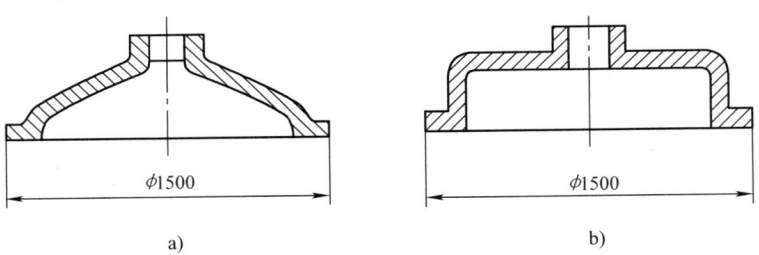

图 2-3 铸铁顶盖的两种设计方案

11. 试分析图 2-4 所示零件分型方案的优缺点，并选择其中与零件生产类型相适应的分型方案。

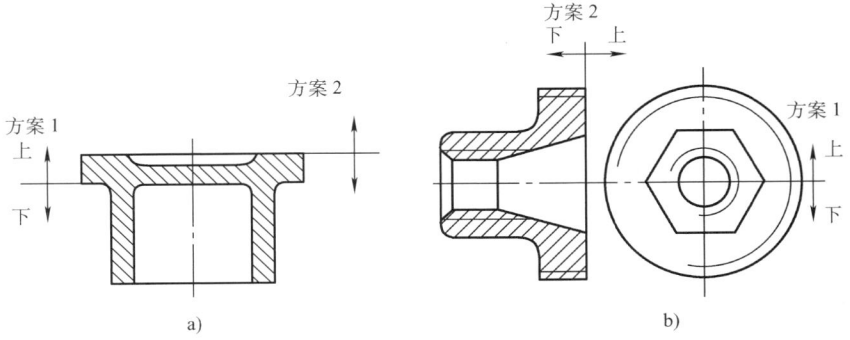

图 2-4　零件的分型方案
a）大批量生产　b）单件生产

12. 图 2-5 所示为铸铁底座，在保证 $\phi 50\mathrm{mm}$ 的孔和 H 不变的前提下，要求：
   1）修改结构不合理之处。
   2）在图上标出最佳分型面和浇注位置。

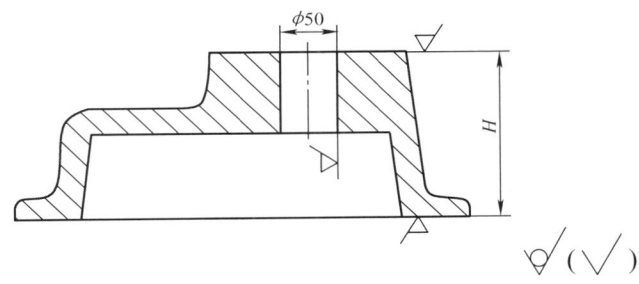

图 2-5　铸铁底座

13. 确定图 2-6 所示端盖零件的铸造工艺方案。要求如下：
   1）在单件、小批生产条件下，分析并确定最佳工艺方案。
   2）按所选最佳工艺方案绘制铸造工艺图（包括浇注位置、分型面、机械加工余量、起模斜度、铸造圆角、型芯及芯头等）。

14. 确定图 2-7 所示轴套零件的铸造工艺方案。要求如下：
   1）画出几种可能的分型方案。
   2）在单件、小批生产条件下，分析并确定最佳工艺方案。
   3）按所选最佳方案绘制铸造工艺图（包括浇注位置、分型面、机械加工余量、起模斜度、铸造圆角、型芯及芯头等）。

班级		成绩	
姓名		任课教师	
学号		批改日期	

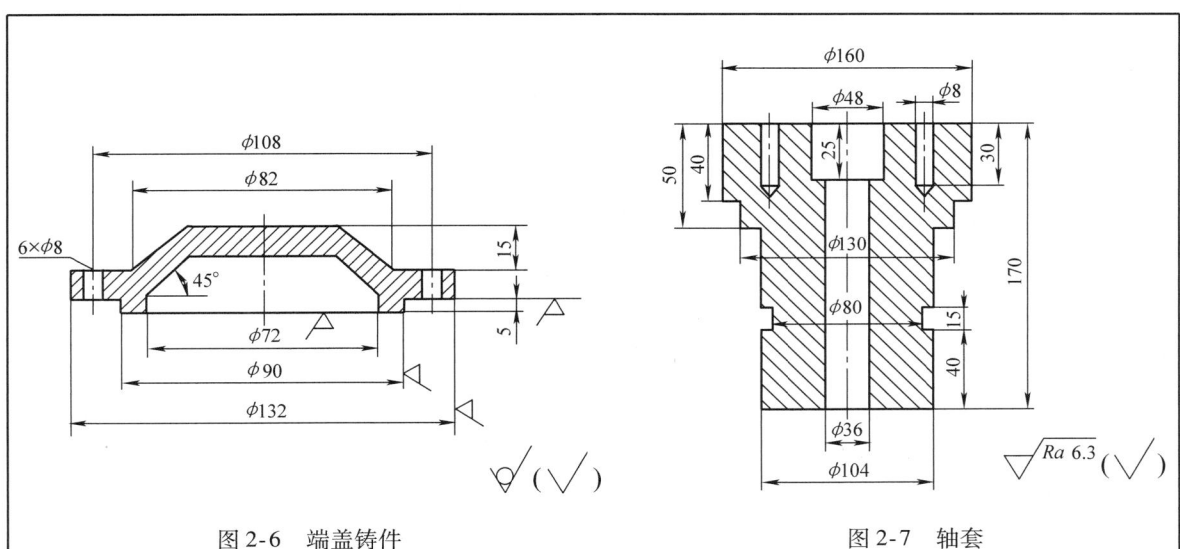

图 2-6 端盖铸件　　　　　　　图 2-7 轴套

15. 判断图 2-8 所示铸件的结构工艺性是否合理，若不合理，请在原图上进行修改。

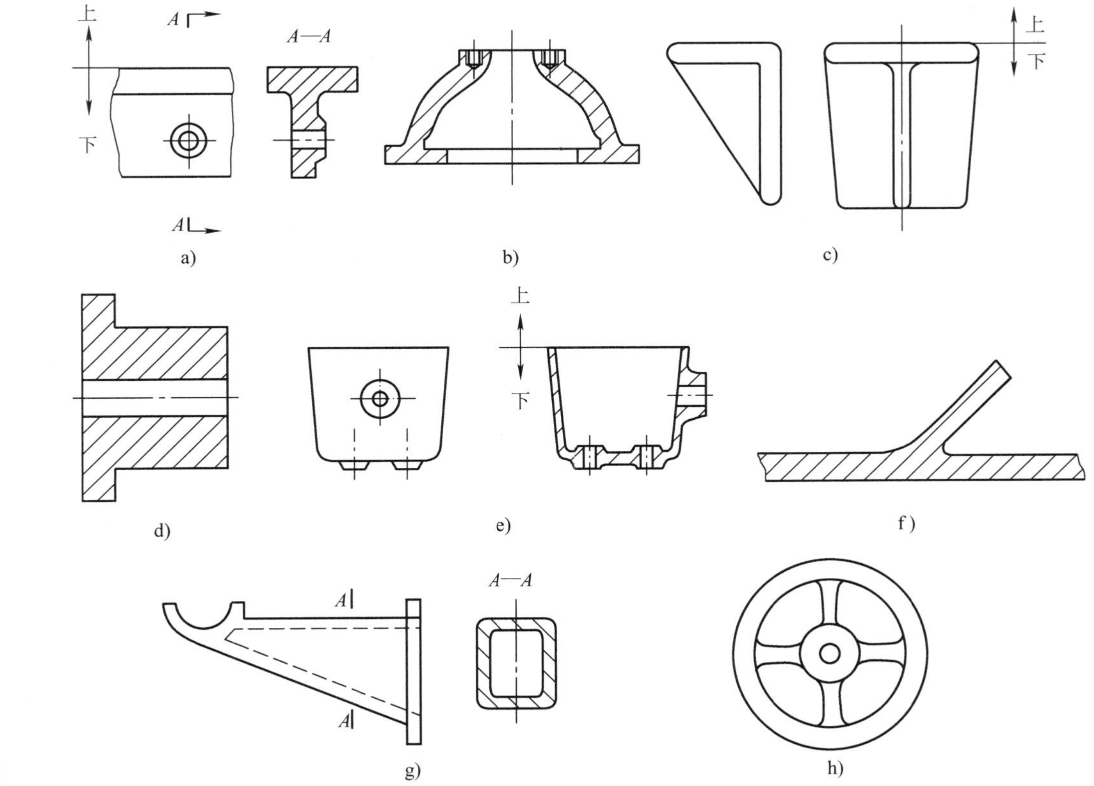

图 2-8 铸件的结构工艺性

班级		成绩	
姓名		任课教师	
学号		批改日期	

16. 图2-9所示为一个直径较大且较长的圆柱体铸件，如铸出后不久即进行加工，当分别车外圆、钻孔、侧面不对称铣削后常发现工件发生变形，试分别画出可能发生的变形示意图，并简述其原因。

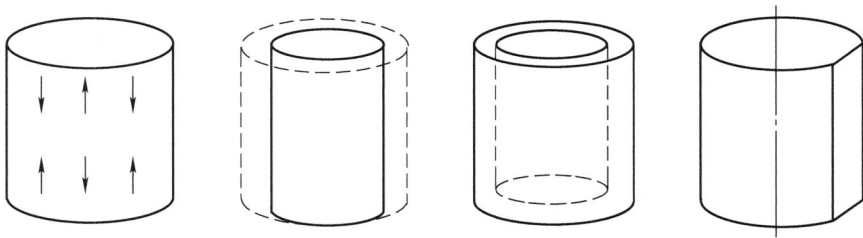

图 2-9　铸造内应力及变形分析

17. 对下列铸件选择合适的材料。
    1）备选材料：普通灰铸铁、球墨铸铁、可锻铸铁、铸钢、铸造铝合金、孕育铸铁。
    2）铸件：机床床身、柴油发动机缸体、汽油发动机活塞压铸件、发动机曲轴、水管接头、齿轮。

18. 图2-10中各铸件均用砂型铸造成形，请各指出两种可能的分型面，用符号"↕"标在图上，比较其优缺点，并选择一个最合适的分型方案绘制铸造工艺图。

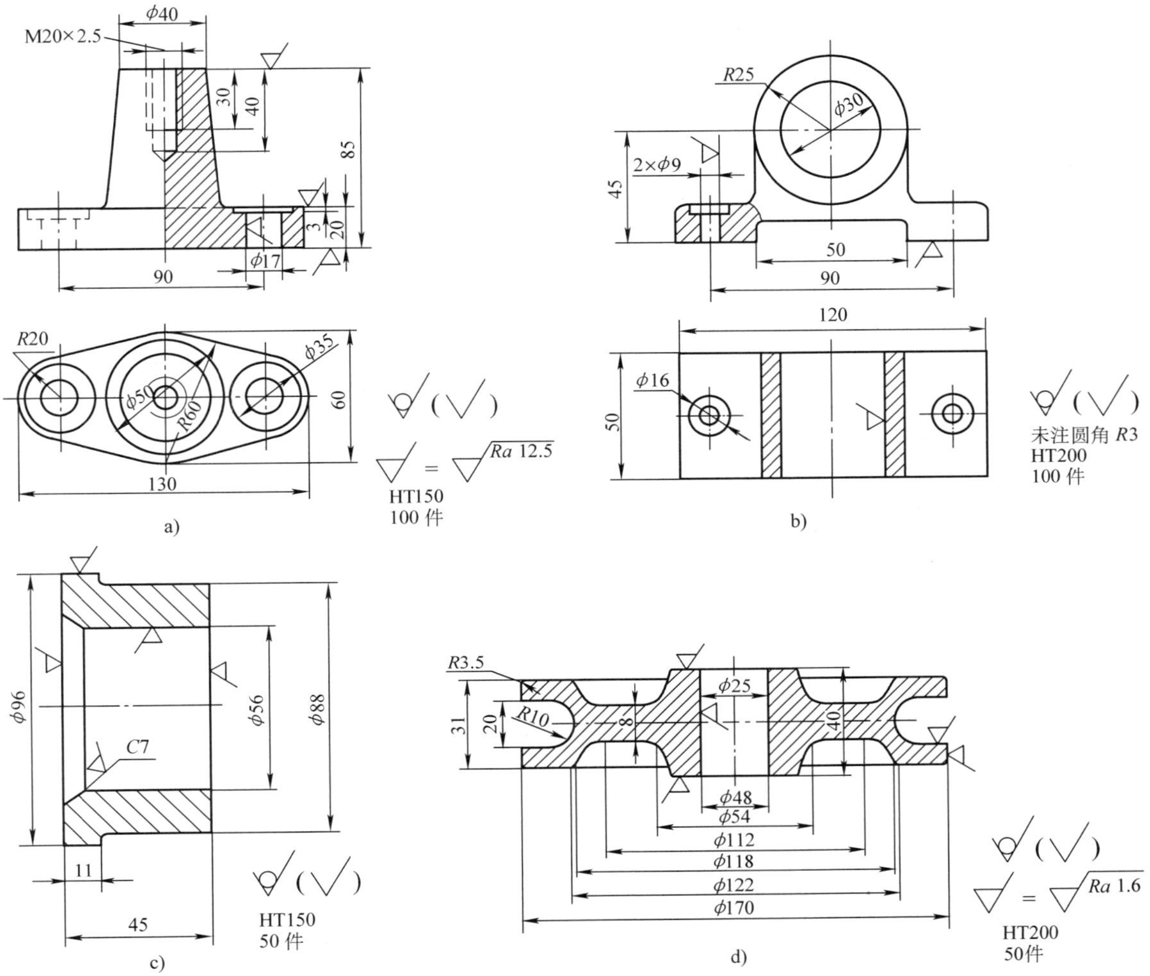

图 2-10　铸造工艺图的绘制

19. 图 2-11 所示为轴承座铸件，大批量生产时，试确定其造型方法、分型面及浇注位置。

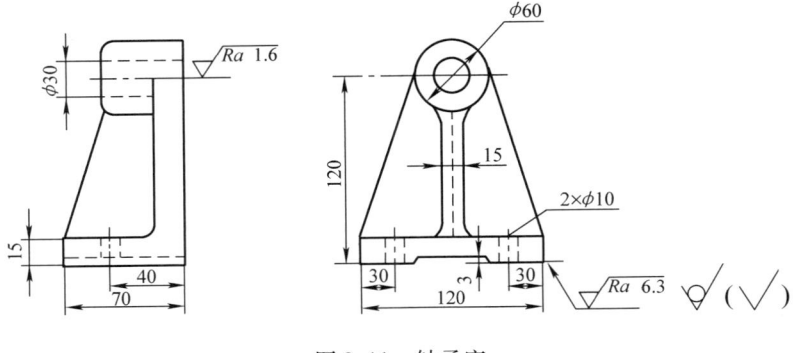

图 2-11　轴承座

班级		成绩	
姓名		任课教师	
学号		批改日期	

20. 图 2-12 所示铸件有哪几种分型方案？大批量生产中应选择哪一种？为什么？

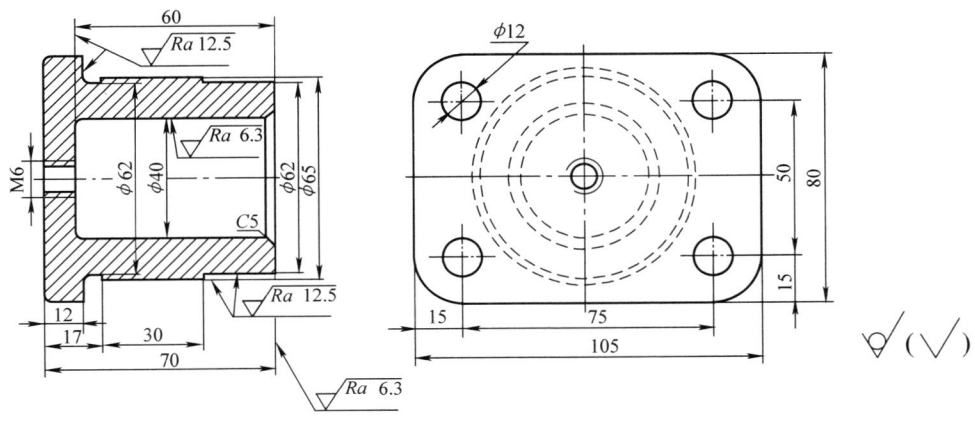

图 2-12 铸件分型面的选择

作业三　金属的塑性成形

一、填空题

1. 压力加工的基本生产方式有_____、_____、_____、_____、_____、_____，对于大型重要件应采用_____方法生产。
2. 单晶体的塑性变形方式主要有_____和_____两种；多晶体的塑性变形包括_____变形和_____变形。
3. 冷塑性成形后的金属将产生_____现象，表现为金属材料的强度和硬度_____，而塑性和韧性_____。
4. 冷变形后的金属在加热过程中，随着温度升高会发生_____和_____现象。
5. 由于纤维组织的存在，金属的力学性能具有_____，一般平行纤维方向的抗拉强度、塑性和韧性_____，而垂直纤维方向的同类性能_____。
6. 衡量金属可锻性的指标主要是_____和_____。影响可锻性的主要因素主要有_____、_____等。
7. 金属在锻造时加热的目的是提高金属的_____和韧性，降低金属的变形抗力，以改善金属的_____和获得良好的锻后组织。
8. 自由锻的基本工序有_____、_____、_____、_____、_____、_____、_____，其中最常用的是_____、_____和_____三种。
9. 锻模终锻模膛由_____和_____两部分组成。其中_____用于形成锻件基本形状，_____用于增加金属流动的阻力，促使金属充满模膛，并容纳多余的金属。
10. 根据功用不同，锻模模膛可分为①_____模膛和②_____模膛，其中①又可分为_____模膛、_____模膛、_____模膛和_____模膛；②又可分为_____模膛和_____模膛。
11. 冲压的基本工序包括①_____和②_____。其中①又分为_____、_____、_____等；②又分为_____、_____、_____等。
12. 冲压模具按照工序组合程度的不同可分为_____模、_____模和_____模，其中在模具的同一位置上同时可以完成两道以上工序的模具称为_____模。
13. 纯铅（$T_{熔}=327℃$）的再结晶温度为_____，它在常温时的变形为____变形。钨（$T_{熔}=3380℃$）的再结晶温度为_____，它在1000℃时的变形为____变形。
14. 图 3-1 所示的垫圈拟采用简单冲裁模生产，其冲压工序为①_____，②_____。若模具的单边间隙为 0.05mm，则①的凸模刃口尺寸为_____、凹模刃口尺寸为_____；②的凸模刃口尺寸为_____、凹模刃口尺寸为_____。

图 3-1　垫圈

二、简答题与应用题

1. 何谓金属的塑性成形？金属塑性成形有何特点？为什么对重要的机械零件要采用塑性成形制坯？

2. 什么是热塑性成形和冷塑性成形？热塑性成形与冷塑性成形时金属的组织和性能有何不同？生产中如何选用？

3. 热处理能否消除压力加工后的纤维组织，采用何种方法可以改变纤维方向？

4. 图 3-2 所示为一钢制拖钩，可以采用铸造、锻造、板料切割的方法制造。其中以什么方法制得的拖钩拖重能力最大？为什么？

图 3-2　拖钩

5. 对图 3-3 和图 3-4 所示零件定性绘出锻件图,并选择自由锻基本工序(零件全部机械加工)。
   1)阶梯轴(图 3-3)。坯料尺寸:$\phi 130mm \times 110mm$;材料:45 钢;生产批量:10 件。
   2)套筒(图 3-4)。坯料尺寸:$\phi 100mm \times 200mm$;材料:45 钢;生产批量:20 件。

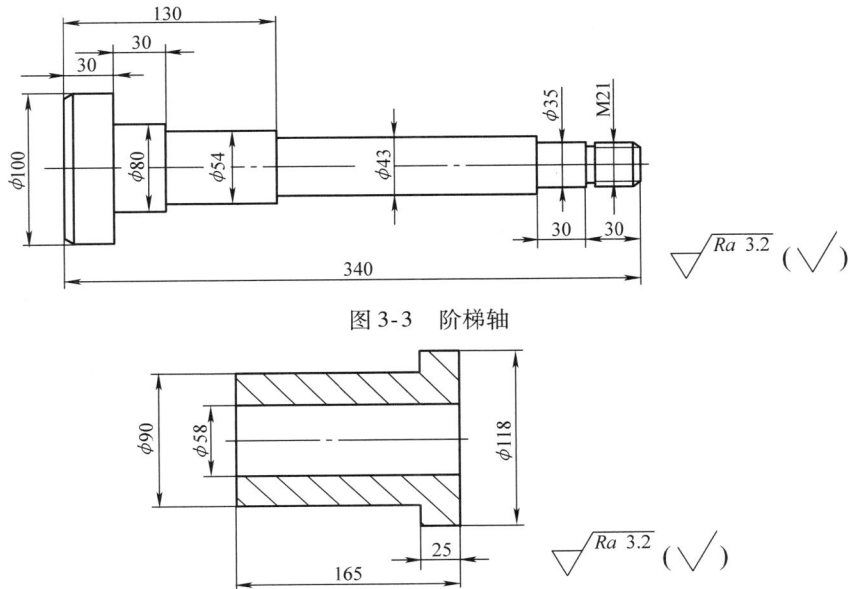

图 3-3　阶梯轴

图 3-4　套筒

6. 图 3-5 所示齿轮大批量生产时,应选择哪种锻造方法较为合理?请定性绘出锻件图,并选择锻造基本工序。

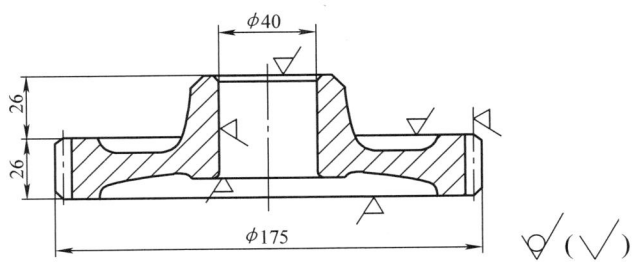

图 3-5　齿轮

7. 将材料及尺寸均相同的金属坯料加热到相同的温度,分别在空气锤、水压机上成形时,金属坯料的变形抗力是否相同?为什么?当金属材料的塑性较差时,应采用何种锻压设备进行成形?

班级		成绩	
姓名		任课教师	
学号		批改日期	

8. 板料拉深时，为防止其产生拉裂、拉穿、起皱等缺陷，在模具设计及工艺上应采取什么措施？如图 3-6 所示壁厚为 1.5mm 的 08 钢圆筒拉深件，能否一次拉深成形？若不能，需拉深几次方可成形（写出计算过程）？

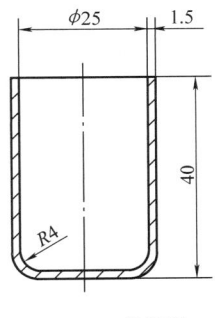

图 3-6　拉深件

9. 采用 1.5mm 厚的低碳钢板生产图 3-7 所示的两种冲压件，试确定其冲压基本工序。

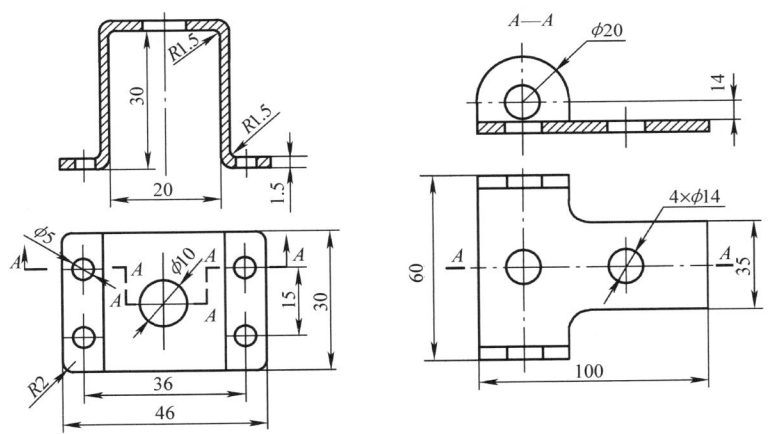

图 3-7　冲压件

10. 图 3-8 中的自由锻件、模锻件及冲压件的结构工艺性是否合理？若不合理，请改正。

班级		成绩	
姓名		任课教师	
学号		批改日期	

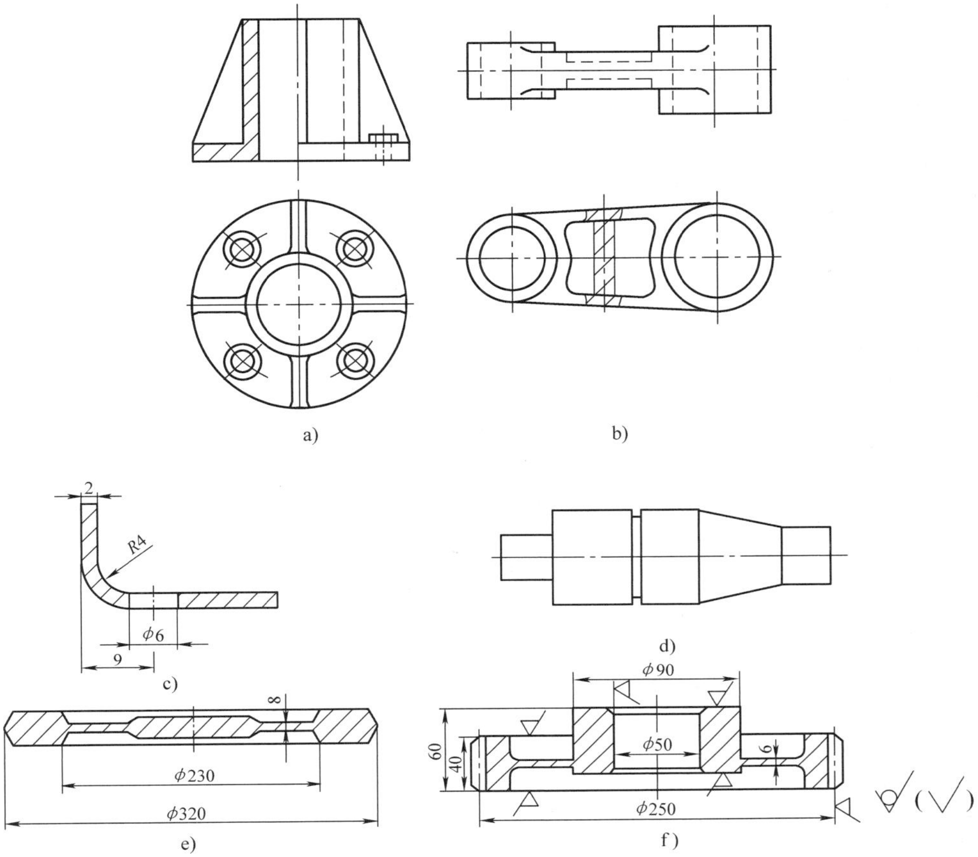

图 3-8　压力加工零件的结构工艺性

a)、b)、d) 自由锻件　c) 冲压件　e)、f) 模锻件

11．对图 3-9 所示零件拟采用自由锻制坯，试定性绘出锻件图，并选择自由锻工序。

图 3-9　自由锻件

a) 车床变速箱齿轮

班级		成绩	
姓名		任课教师	
学号		批改日期	

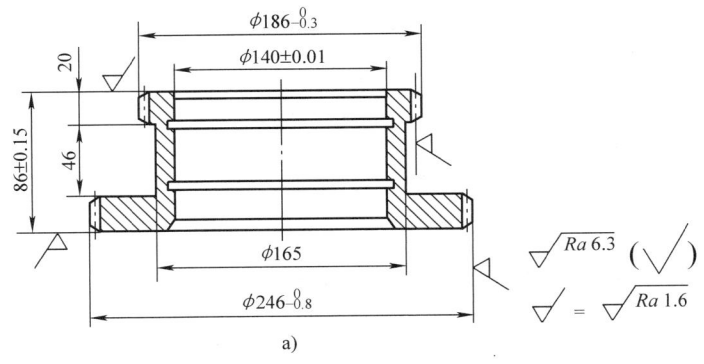

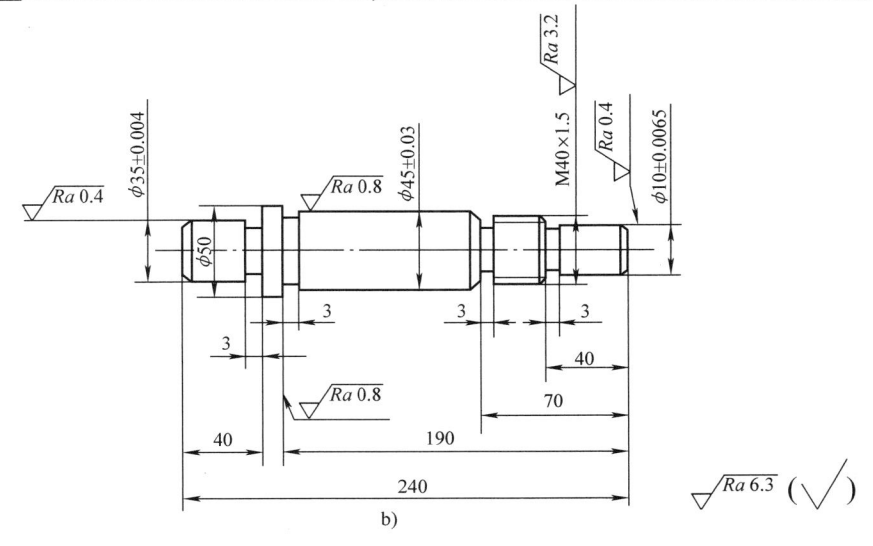

图 3-9 自由锻件（续）

b）轴

12. 图 3-10a 所示为油封内夹圈，图 3-10b 所示为油封外夹圈，它们的形状相同而尺寸不同，均为冲压件，试通过计算分别制订出两个零件的冲压工艺方案（材料的极限圆孔翻边系数 $K_0 = 0.68$）。

[提示]：$d_0 = d - 2[H - 0.43R - 0.22t]$，$K_0 = d_0/d$

式中 d_0——冲孔直径(mm)；

d——翻边后竖立直边的外径(mm)；

H——从孔内测量的竖直边高度(mm)；

R——圆角半径(mm)；

t——板料厚度(mm)。

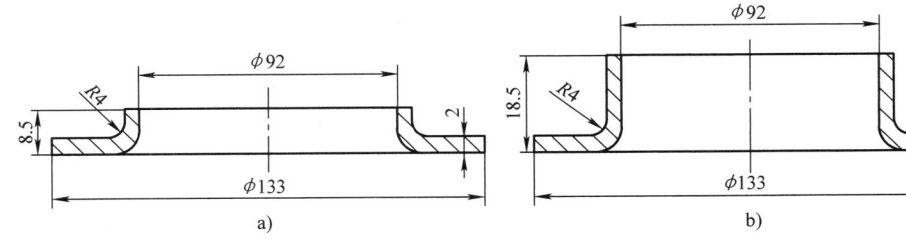

图 3-10 冲压件

作业四 材料的焊接成形

一、填空题

1. 按照焊接过程的工艺特点，焊接方法可分为_____焊、_____焊和_____焊。埋弧焊属于_____焊。
2. 焊条电弧焊的焊条由①_____和②_____两部分组成。①的作用是_____；②的作用是_____。
3. 焊接电弧由_____区、_____区和_____区三部分组成。采用直流弧焊机焊接薄板时，一般采用_____接法，此时焊件接_____极，焊条接_____极。
4. 焊接接头由①_____和②_____组成，②又可分为_____、_____、_____和_____四个区域，其中对焊接接头性能影响最大的区域是_____。
5. 按照熔渣化学性质的不同，电焊条可分为_____焊条和_____焊条两大类。焊条选用的原则是_____。
6. 焊接时，产生焊接应力和变形的根本原因是：_____。
7. 生产中常见的焊接变形形式有_____、_____、_____、_____和_____五种。减少和预防焊接变形的工艺方法有：_____等。矫正焊接变形的工艺方法有：_____和_____两种。
8. 根据钎料熔点的不同，钎焊可分为_____、_____两类。在焊接硬质合金车刀时，常用_____；而在焊接电器元件时，常用_____。
9. 焊接接头的基本形式有_____接头、_____接头、_____接头和_____接头等。对接接头的坡口基本形式有_____形坡口、_____形坡口、_____形坡口、_____形坡口、_____形坡口等。
10. 焊接时往往都要对被焊工件进行加热。熔焊加热的目的是_____；压焊加热的目的是_____；钎焊加热的目的是_____。
11. 焊接时一般都要对被焊区域进行保护，以防有害气体的侵入。焊条电弧焊采用_____保护；埋弧自动焊采用_____保护；氩弧焊的保护措施是_____。
12. 金属材料的焊接性包括_____和_____两个方面。评定材料焊接性的方法有_____和_____。

二、简答题与应用题

1. 什么是焊接电弧？试画出焊接电弧的结构，并指出各部分的名称、温度及热量分布。

2. 简述熔焊冶金过程的特点及保证焊接质量的措施。

3. 减少焊接应力的工艺措施有哪些？如何消除焊接应力？

4. 焊接工人在焊接较厚焊件时，为什么有时用圆头小锤对处于红热状态的焊缝进行敲击？

5. 焊接热影响区的宽窄对焊接接头的性能有何影响？如何减少和消除焊接热影响区？

6. 钎焊与熔焊相比，其焊接过程的实质有什么不同？钎焊时所用的钎剂起什么作用？

7. 铝及铝合金、铜及铜合金等有色金属焊接的主要问题是什么？在生产中常采取哪些措施解决这些问题？

8. 铸铁焊补的主要问题是什么？常用铸铁焊补的方法有哪些？

班级		成绩	
姓名		任课教师	
学号		批改日期	

9. 在焊接如图 4-1 所示的 T 形截面梁时，由于焊缝位置分布不对称，该件焊后易产生弯曲变形。请在原图上用虚线画出可能产生弯曲后的焊件轮廓（即焊件的弯曲方向）。现拟用火焰加热法矫正该变形，试在原图上标注出加热部位。

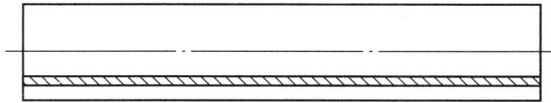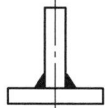

图 4-1　T 形截面梁

10. 现有三块厚 4mm、长 1200mm、宽 800mm 的钢板，需拼焊成一块长 1800mm、宽 1600mm 的矩形钢板。试问图 4-2 所示的结构设计是否合理？若不合理，请予以改正。为减小焊接应力与变形，其合理的焊接次序应如何安排？

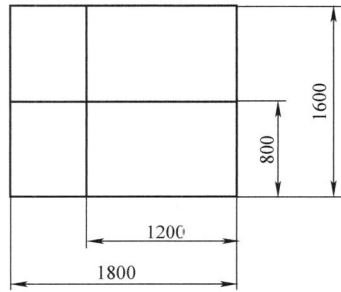

图 4-2　平板拼焊

11. 用 30mm 厚的 16Mn 钢板焊接一直径为 5m 的容器。16Mn 的化学成分如下：$w_C = 0.12\% \sim 0.20\%$；$w_{Si} = 0.20\% \sim 0.55\%$；$w_{Mn} = 1.20\% \sim 1.60\%$；$w_{P,S} < 0.045\%$。
1）计算 16Mn 的碳当量。
2）判断 16Mn 的焊接性。
3）在常温下焊接时是否需要预热？预热温度应为多少？

12. 汽车车轮由轮圈和辐板组成，材料均为 Q235 钢，如图 4-3 所示。大批量生产时，轮圈由卷板机卷成，而轮圈与辐板焊接连为一体，试确定各焊缝的焊接方法。

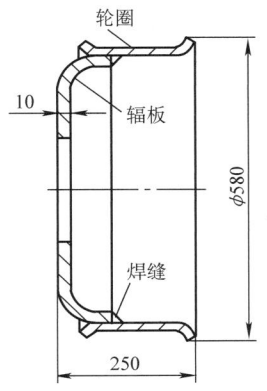

图 4-3　汽车车轮

13. 判断图 4-4 所示各种焊件的结构是否合理？若不合理，请在原图上修改。

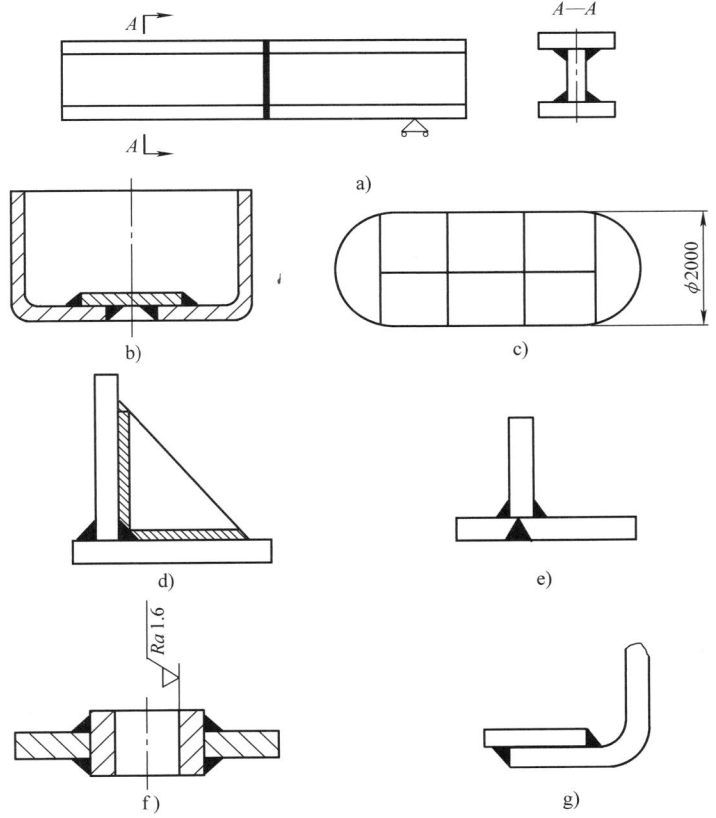

图 4-4　焊接件结构工艺性

作业五　切削加工1

一、填空题

1. 切削运动是＿＿＿＿＿和＿＿＿＿＿之间的相对运动，它包含＿＿＿＿＿运动和＿＿＿＿＿运动。＿＿＿＿＿运动是切除工件表面多余材料所需的最基本的运动，＿＿＿＿＿运动是使工件切削层材料相继投入切削从而加工出完整表面所需的运动。

2. 在切削运动中，通常只有一个＿＿＿＿＿运动，其速度最高，消耗功率最大；＿＿＿＿＿运动可以有一个或多个，其速度较低，消耗的功率较小。

3. 切削要素包括切削用量三要素和切削层的几何参数。切削用量包括＿＿＿＿＿、＿＿＿＿＿和＿＿＿＿＿。切削层的几何参数包括＿＿＿＿＿、＿＿＿＿＿、＿＿＿＿＿。

4. 车刀切削部分由三面（＿＿＿＿＿面、＿＿＿＿＿面、＿＿＿＿＿面）、两刃（主切削刃、副切削刃）和一个刀尖组成。

5. 切削刀具材料应具备＿＿＿＿＿＿＿＿＿＿性能。常用的刀具材料有＿＿＿＿＿、＿＿＿＿＿、＿＿＿＿＿、＿＿＿＿＿、＿＿＿＿＿。形状复杂的刀具如齿轮刀具常采用＿＿＿＿＿制造。

6. 硬质合金刀具硬度＿＿＿＿＿、耐热温度＿＿＿＿＿、耐冲击性＿＿＿＿＿，允许的切削速度远＿＿＿＿＿（高/低）于高速钢刀具。

7. 车刀的标注角度有＿＿＿＿＿角、＿＿＿＿＿角、＿＿＿＿＿角、＿＿＿＿＿角、＿＿＿＿＿角。前刀面与基面的夹角称为＿＿＿＿＿角，主后刀面与切削平面的夹角称为＿＿＿＿＿角，主切削刃在基面上的投影与刀具进给运动方向的夹角称为＿＿＿＿＿角，主切削刃与基面之间的夹角称为＿＿＿＿＿角。

8. 车削外圆时，刀尖高于工件回转中心，会造成工作前角变＿＿＿＿＿（大/小），工作后角变＿＿＿＿＿（大/小）。

9. 车削时，为了减小工件已加工表面的表面粗糙度，可以采用的措施有：＿＿＿＿＿进给量、＿＿＿＿＿切削速度、＿＿＿＿＿副偏角。

10. 可加工内圆表面的切削加工方法有：＿＿＿＿＿，其中在实体上加工孔时，必须首先进行＿＿＿＿＿加工。

11. 可加工平面的切削加工方法有：＿＿＿＿＿，其中＿＿＿＿＿和＿＿＿＿＿是最主要的方法。

12. 切削力可分解为＿＿＿＿＿、＿＿＿＿＿和＿＿＿＿＿，影响切削力的因素有＿＿＿＿＿、＿＿＿＿＿、＿＿＿＿＿和＿＿＿＿＿。

13. 刀具的磨损形式有＿＿＿＿＿、＿＿＿＿＿和＿＿＿＿＿三种类型；刀具的磨损过程分为＿＿＿＿＿、＿＿＿＿＿和＿＿＿＿＿三个阶段。

14. 切屑的种类有＿＿＿＿＿、＿＿＿＿＿和＿＿＿＿＿；影响切屑变形的因素有＿＿＿＿＿。

班级		成绩	
姓名		任课教师	
学号		批改日期	

15. 从提高刀具寿命出发，粗加工时选择切削用量的顺序应该是_____
    _____。
16. 材料的切削加工性是指_____，最常用的衡量标准
    是_____。材料的相对加工性 K_r 值越大，说明材料的切削
    加工性越_____。

二、简答题

1. 什么是积屑瘤？其形成的条件是什么？对加工过程有何影响？

2. 在车床上车削外圆时，已知工件转速 $n = 320\mathrm{r/min}$，车刀移动速度 $v_f = 64\mathrm{mm/min}$，其他条件如图 5-1 所示，试求切削速度 v、进给量 f 和背吃刀量 a_p。

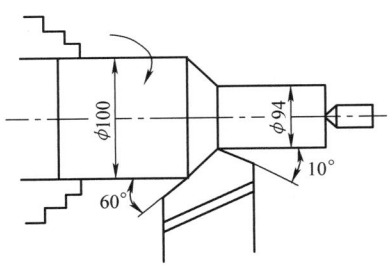

图 5-1 车外圆

3. 绘图标注下列刀具的几何角度（γ_o、α_o、κ_r、κ'_r）
   1) 外圆车刀（$\gamma_o = 10°$、$\alpha_o = 8°$、$\kappa_r = 60°$、$\kappa'_r = 10°$）。
   2) 端面车刀（$\gamma_o = 15°$、$\alpha_o = 10°$、$\kappa_r = 45°$、$\kappa'_r = 30°$）。
   3) 内圆车刀（$\gamma_o = 10°$、$\alpha_o = 8°$、$\kappa_r = 60°$、$\kappa'_r = 10°$）。

4. 刀具的主要标注角度有哪些？其对加工过程的影响如何？

5. 为什么许多复杂刀具如铣刀、拉刀、滚刀等用高速工具钢制造？

6. 切削力的主要来源是什么？怎样减小切削力？

7. 切削液的种类有哪些？怎样选择切削液？

8. 材料切削加工性的衡量指标有哪些？如何改善材料的切削加工性？

9. 填表回答所列加工方法的主运动和进给运动的执行者（工件或刀具）及运动形式（旋转运动、直线运动、往复直线运动）。

加工方法	主运动		进给运动	
	执行者	运动形式	执行者	运动形式
车外圆面				
铣削平面				
龙门刨床刨削平面				
钻孔（钻床）				
卧式镗床镗孔				
磨外圆（横磨或纵磨）				

班级		成绩	
姓名		任课教师	
学号		批改日期	

作业六　切削加工 2

一、填空题

1. 车床适合加工_____的表面。
2. 有色金属轴类零件的外圆表面，通常采用_____的方法进行精加工。
3. 加工细长轴时，采用中心架及跟刀架，可以减少工件的_____，使加工顺利进行。
4. 车削圆锥面的方法有_____、_____、_____和_____等。
5. 钻削的工艺特点是_____、_____、_____。
6. 孔加工中，镗孔主要用于_____零件上_____孔的加工。
7. 在拉削加工中，主运动是_____，进给运动是靠_____来实现的。
8. 平面加工常用的方法有_____、_____和铣削。铣削分为端铣与周铣，两者相比，_____铣的加工效率更高。

二、简答题

1. 车削精度要求高的零件为什么要分为粗车和精车？粗车和精车的任务有何不同？

2. 钻、扩、铰三种加工方法各有何特点？为什么三种方法的加工精度可以依次提高？

3. 为什么镗孔可以纠正孔的轴线偏斜，而铰孔不能？

4. 什么是浮动镗刀？它有何特点？

5. 怎样减小或防止钻孔时孔的偏斜？

班级		成绩	
姓名		任课教师	
学号		批改日期	

6. 拉孔为什么可以获得高的加工质量和生产率？

7. 何为顺铣与逆铣？各有何特点？分别适合什么场合？

8. 端铣、周铣有何区别？各适合什么场合？

9. 为什么磨内孔所达到的精度通常低于磨外圆的精度？

10. 珩磨可以减小哪些误差？不能减小哪些误差？为什么？

11. 滚齿和插齿各有哪些运动？各有什么作用？

班级		成绩	
姓名		任课教师	
学号		批改日期	

12. 磨削加工有何特点？为什么软质有色金属表面不能磨削加工？

13. 特种加工的方法有哪些？各适合何种场合？

14. 与切削螺纹相比，搓螺纹和滚压螺纹的优缺点如何？

15. 按加工原理不同，齿轮齿形的加工可以分为哪两类？

16. 图 6-1 所示为一套类零件，试选择内孔的加工方法。

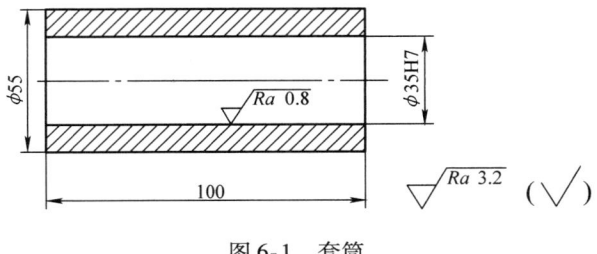

图 6-1　套筒

热处理状态	加工方法
淬火	
不淬火	

17. 按图 6-2 所示零件的要求，选择加工方法及加工顺序。

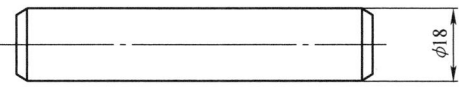

图 6-2　光轴

材　料	表面粗糙度 $Ra/\mu m$	加工方法及加工顺序
45	6.3	
45	1.6	
45	0.8	
黄铜	0.4	
45	0.05	

18. 图 6-3 所示为心轴体零件，数量为 28 件，毛坯为锻件，请选择加工方案。

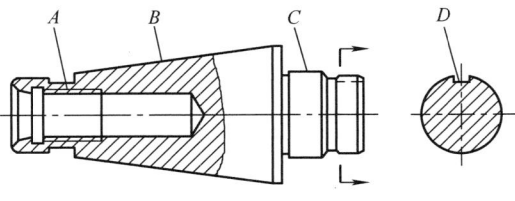

图 6-3　心轴体

班级		成绩	
姓名		任课教师	
学号		批改日期	

表　　面		加 工 方 案
A	M24	
B	7∶24 锥面	
C	φ48h6	
D	直角槽	

19. 图 6-4 所示为小架零件，数量为 50 件，毛坯为铸件，请选择加工方案。

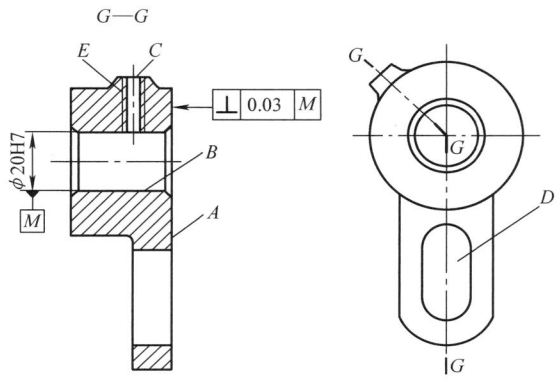

图 6-4　小架

表　　面		加 工 方 案
A	平面	
B	φ20H7	
C	凸台	
D	通槽	
E	M6 螺纹	

20. 加工图 6-5 所示零件上的外圆 A、B、C，根据所给条件选择加工方案（包括热处理工序的安排）。

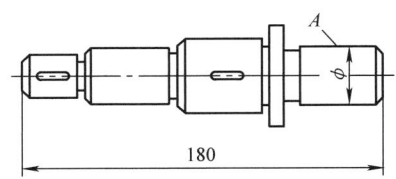 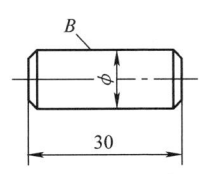 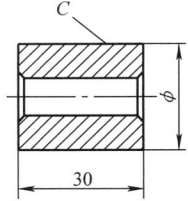

图 6-5　外圆面加工

外圆	直径 φ/mm	表面粗糙度 Ra/mm	材料	热处理	数量	加工方案
A	φ30h8	1.6	45	调质	100	示例：粗车、调质、半精车、精车
	φ30h8	1.6	45	淬火	100	
	φ30h6	0.4	40Cr	调质	2	
	φ30h6	0.1	40Cr	调质	2	
	φ30h5	0.2	H68	—	2	
B	φ30h6	0.8	35	调质	10000	
	φ30h7	1.6	35	—	5	
C	φ30h8	0.8	T12A	淬火	10	
	φ30h7	0.8	硬质合金	—	10	
	φ30h4	0.1	—	—	10	

21. 加工图 6-6 所示零件上的 A、B、C、D 孔，根据所给条件选择加工方案（包括热处理工序的安排）。

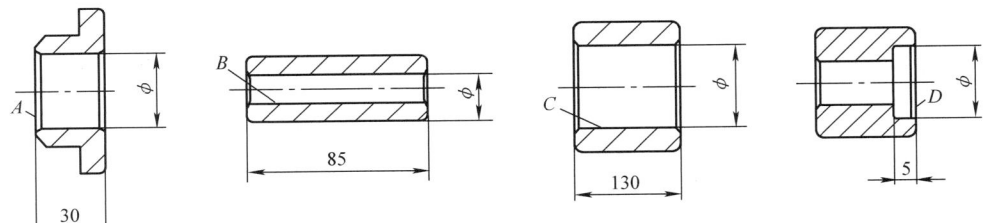

图 6-6　内圆面加工

孔	直径/mm	表面粗糙度 Ra/mm	材料	热处理	数量	加 工 方 案
A	φ35H7	1.6	45	调质	5	示例：粗车、调质、半精车、精车
	φ35H7	1.6	45	淬火	5	
	φ35H7	1.6	45	调质	500	
	φ35H7	1.6	45	调质	50000	
B	φ15H7	1.6	HT200	—	5	
	φ15H7	1.6	HT200	—	500	
C	φ120H5	0.1	H62	—	500	
D	φ500H7	1.6	40Cr	调质	500	

22. 图 6-7 所示为锁紧螺母,数量为五件,毛坯为圆钢棒料,请选择加工方案及其机床和刀具。

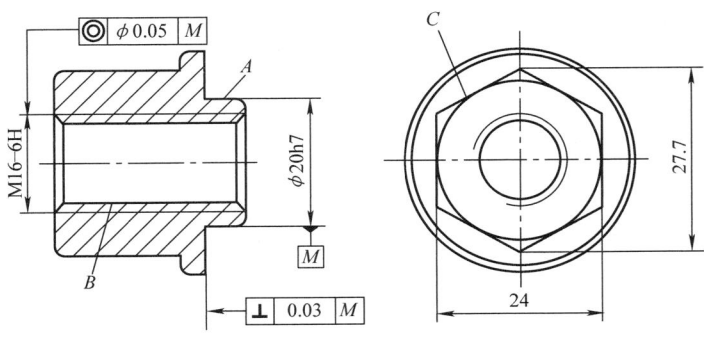

图 6-7 锁紧螺母

表　面		加工方法	机　床	刀　具
A	$\phi 20h7$			
B	M16-6H			
C	六方六个侧面			

作业七 切削加工3

试判断图7-1所示零件的结构工艺性是否合理。若不合理，请在原图上修改。

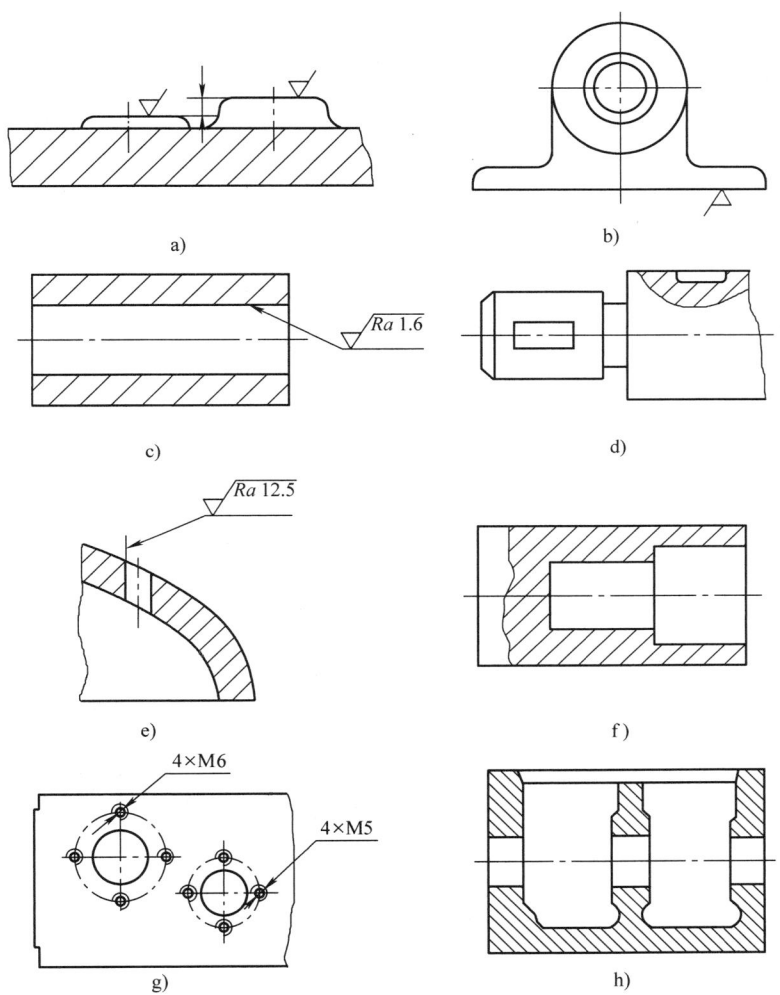

图7-1 切削加工件的结构工艺性
a) 铣凸台 b) 铣底面 c) 内孔加工 d) 键槽加工 e)、f) 钻孔 g) 螺孔加工 h) 镗孔

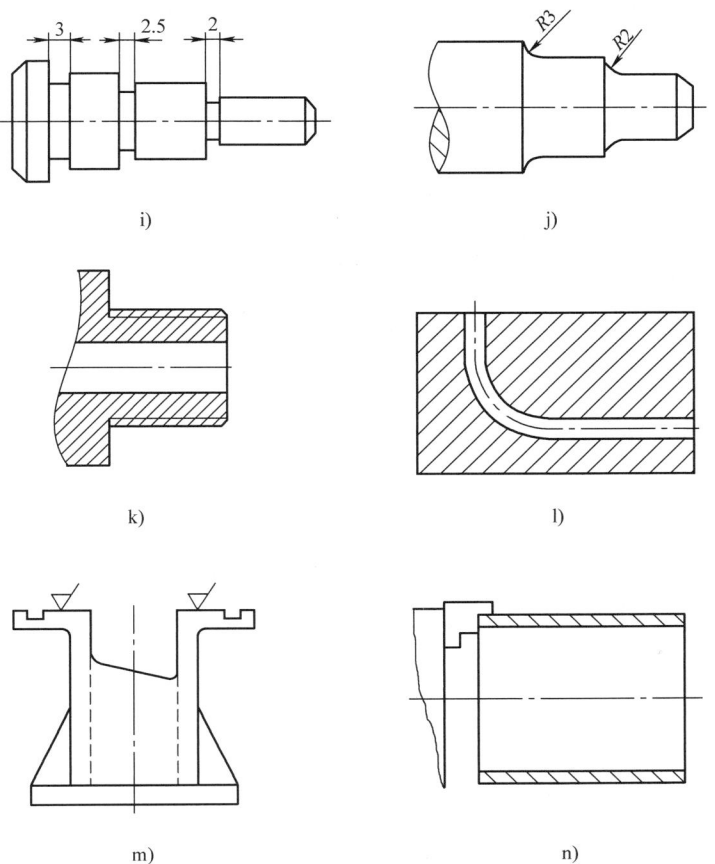

图 7-1 切削加工件的结构工艺性（续）

i）车退刀槽 j）圆弧加工 k）车螺纹 l）弯曲孔的加工 m）刨（铣）导轨 n）薄壁加工

班级		成绩	
姓名		任课教师	
学号		批改日期	

作业八　切削加工4

1. 什么是生产过程？什么是工艺过程？

2. 什么是工序？什么是工位？

3. 什么是生产纲领？生产类型有几种类型？各有何特点？

4. 什么是六点定位原理？有哪些定位现象？哪些现象在生产中允许存在？哪些现象不允许存在？

5. 夹具有哪几种类型？自定心卡盘和台虎钳各属于什么类型的夹具？专用夹具主要由哪几部分组成？夹具中常用的定位元件有哪些？

6. 什么是加工余量？什么是工序余量？为什么加工一般分阶段进行？

7. 什么是基准？什么是设计基准？什么是工艺基准？工艺基准又分为哪些基准？精基准选择时一般采用哪些原则？

班级		成绩	
姓名		任课教师	
学号		批改日期	

8. 什么是尺寸链？什么是封闭环？如何判别增环与减环？

9. 如图 8-1 所示零件，尺寸 $8_{-0.05}^{0}$ mm 和 $38_{-0.1}^{0}$ mm 已加工好，试计算间接保证尺寸 A。

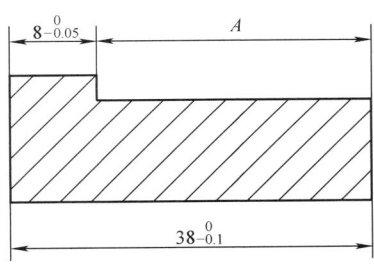

图 8-1 零件钻孔

10. T 形螺杆如图 8-2 所示，其工艺过程如下，请分别在表 8-1 中写出工序、安装、工位及工步。
    1）在锯床上切断下料 $\phi35$mm×125mm。
    2）在车床上夹住左端车右端面，打顶尖孔。
    3）用尾架后顶尖顶住工件后，车 $\phi30$mm 外圆及 $\phi20$mm 外圆（第一刀车至 $\phi24$mm，第二刀车至 $\phi20$mm），车螺纹，倒角。
    4）在车床上车 $\phi18$mm 外圆及端面。
    5）在卧式铣床上用两把铣刀同时铣 $\phi18$mm 圆柱上的宽 15mm 的两个平面，将工件回转 90°（利用转台），铣另两个面，这样即可加工出四方头。

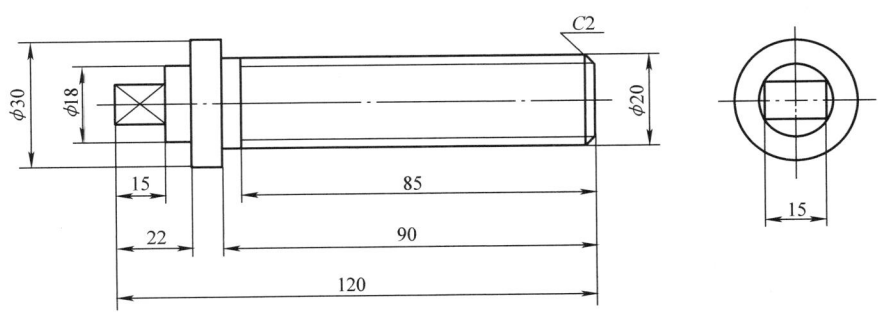

图 8-2 T 形螺杆

表 8-1　T 形螺杆的加工

工艺内容			加工内容	设　备
工序号	安装	工位	工步		

11. 拟加工图 8-3 所示零件上的两个扁平面。ϕ40H7 孔已加工。当零件数量为 50 件时，请填空及回答下列问题：
   1）机床：_____；
   2）装卡方法：_____；
   3）刀具：_____；
   4）保证尺寸 50±0.1 和 40±0.1 的方法。

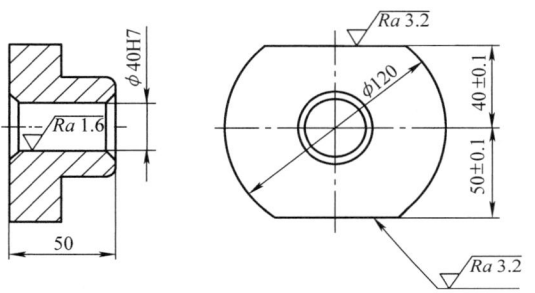

图 8-3　扁平轴

12. 根据图 8-4 所示零件的定位方案，试分析定位元件所限制的自由度，是否属于重复定位或欠定位？若定位不合理，应如何改进（绘图表示）？

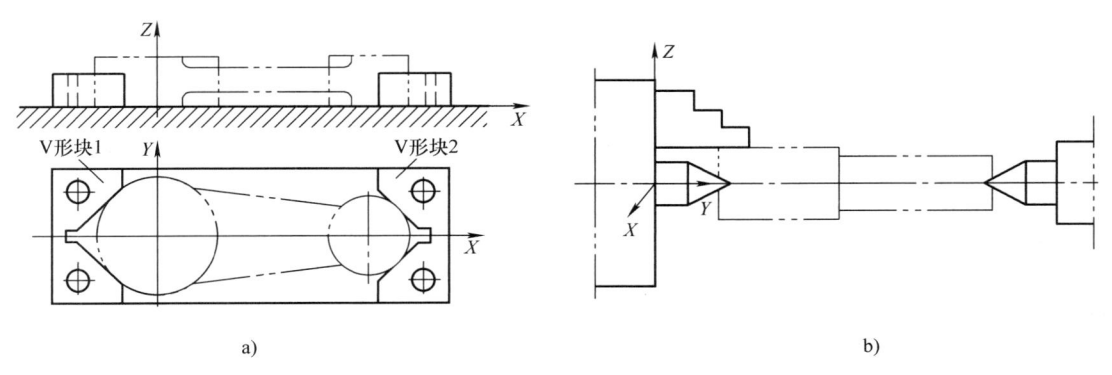

a)　　　　　　　　　　　　　　　b)

图 8-4　零件的定位
a）连杆零件的定位　b）轴的定位

班级		成绩	
姓名		任课教师	
学号		批改日期	

13. 图 8-5 所示凸轮轴导块零件其他表面均已加工。现需铣出深 52 ± 0.37mm、宽 $30^{+0.14}_{0}$mm 的槽，试设计该工序的定位方案，以保证定位误差为 0（确定定位基准和需限制的自由度）。

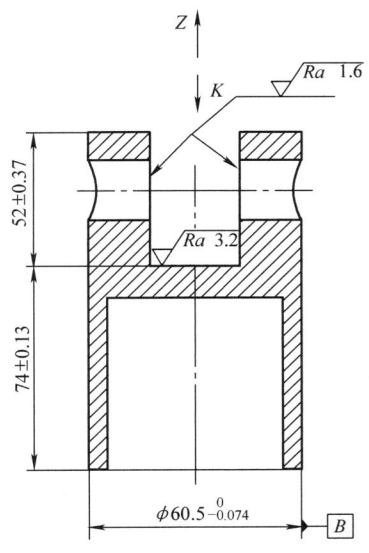
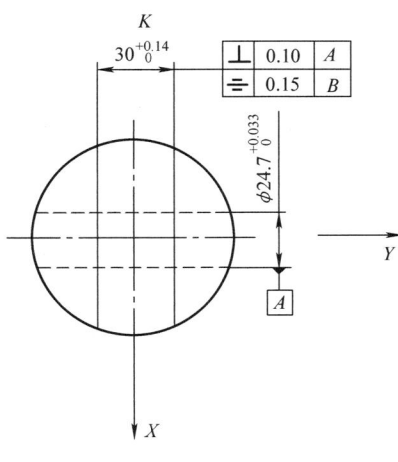

图 8-5　凸轮轴

14. 将图 8-6 和图 8-7 所示通用夹具所限制的自由度分别填入括号内：
1) 自定心卡盘夹持工件较长，且工件贴紧垫铁，如图 8-6 所示。（　　　）

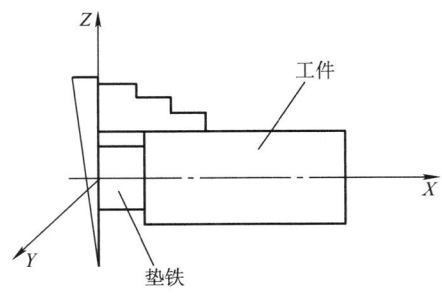

图 8-6　自定心卡盘装夹

2) 双顶尖、拨盘、卡箍装夹工件，如图 8-7 所示。（　　　）

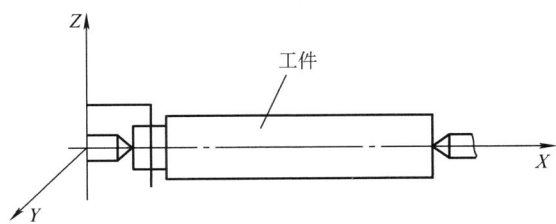

图 8-7　双顶尖、拨盘、卡箍装夹

班级		成绩	
姓名		任课教师	
学号		批改日期	

15. 图 8-8 所示为一小轴零件，小批量生产，试填表制订其机械加工工艺过程。

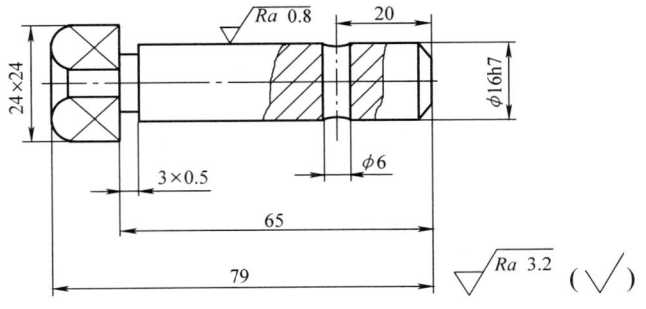

图 8-8 小轴

工序号	工序名称	工序内容	设 备

16. 图 8-9 所示为一法兰盘零件，毛坯为铸件，中、小批量生产，试填表制订其机械加工工艺过程。

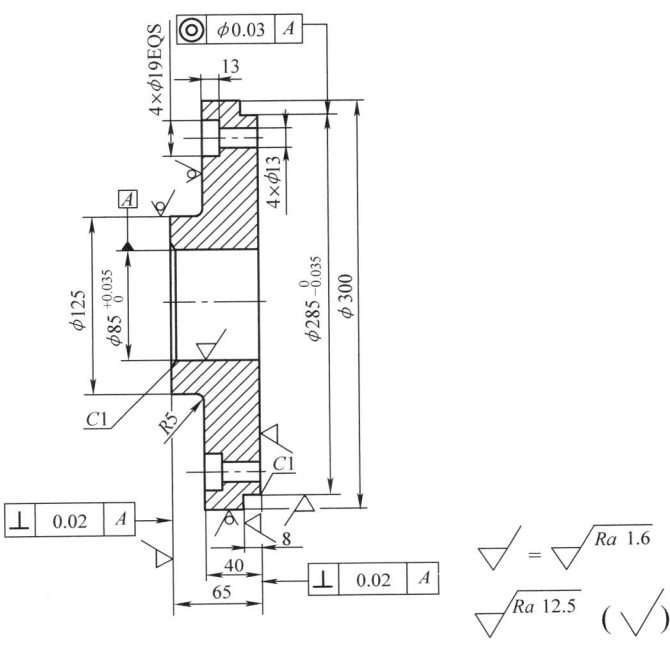

图 8-9 法兰盘

工序号	工序名称	工序内容	设　备

班级		成绩	
姓名		任课教师	
学号		批改日期	

17. 图 8-10 所示为一支架零件，毛坯为铸件，中、小批量生产，试填表制订其机械加工工艺过程。

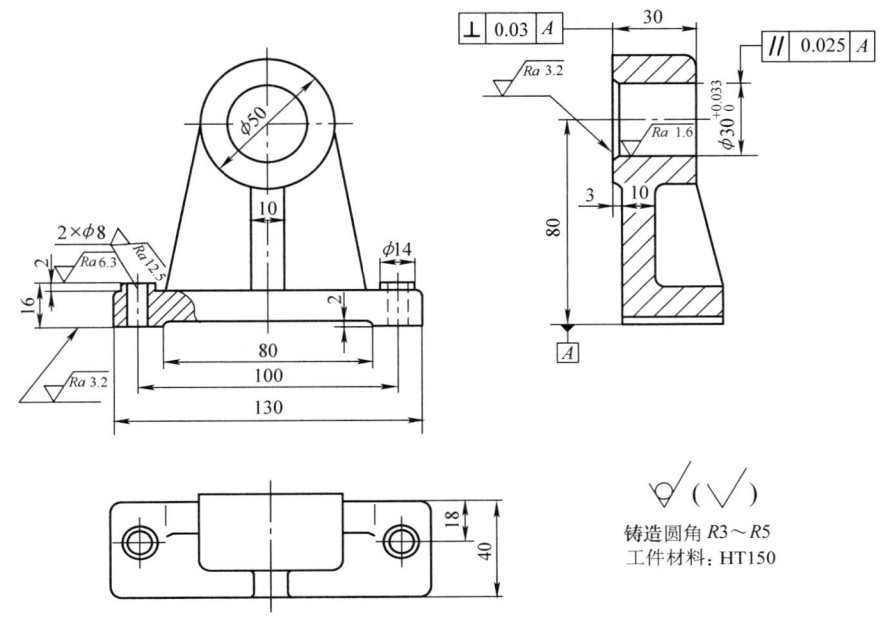

图 8-10 支架

工序号	工序名称	工序内容	设 备

18. 试写出成批生产图 8-11 所示卡盘零件的机械加工工艺过程，并指出各工序的定位基准。

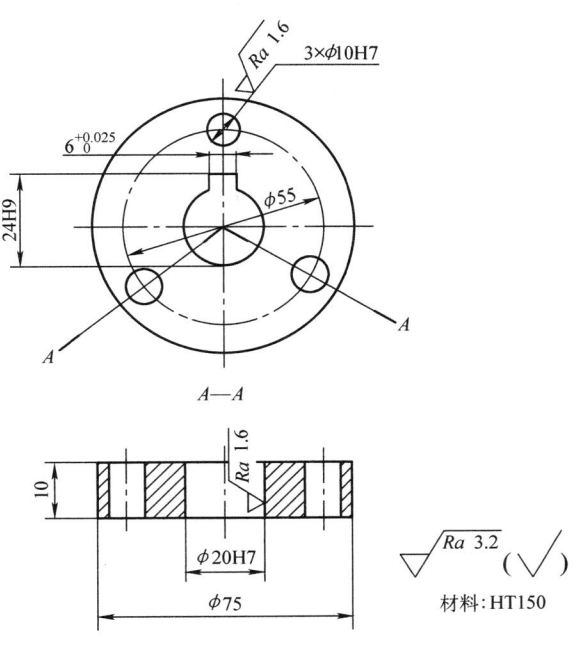

图 8-11　卡盘

工序号	工序名称	工序内容	定位基准	设　备

班级		成绩	
姓名		任课教师	
学号		批改日期	

19. 图 8-12 所示为 C6136 卧式车床的交换齿轮轴，材料为 45 钢，数量为 10 件，试制订其机械加工工艺过程。

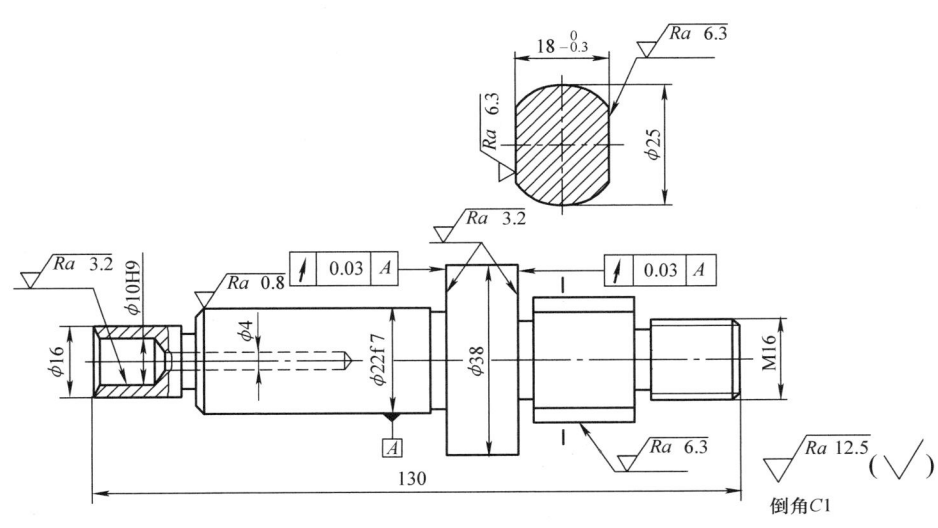

图 8-12　车床交换齿轮轴

工序号	工序名称	工序内容	设　备

班级		成绩	
姓名		任课教师	
学号		批改日期	

自 测 题

一、工程材料

（一）判断题

1. 所有的金属材料在做拉伸试验时都有屈服现象。（　　）
2. 布氏硬度的符号按压头类型的不同，分别用 HRA 和 HBW 来表示。（　　）
3. 洛氏硬度按选用的总试验压力及压头类型的不同，分别用符号 HRA、HRB 和 HRC 来表示。（　　）
4. 金属材料的疲劳断裂是零件失效的主要原因之一。（　　）
5. 材料抵抗小能量多次冲击的能力主要取决于材料强度。（　　）
6. 对于塑性材料，材料的屈服点越低，则允许的工作应力越高。（　　）
7. 布氏硬度试验的实验条件相同时，其压痕直径越小，材料的硬度越低。（　　）
8. 洛氏硬度是根据压头压入被测材料的深度来确定的，压痕深度越浅，则材料的硬度就越高。（　　）
9. 金属材料的力学性能主要取决于材料的化学成分和内部组织状态。（　　）
10. 由于固态金属内部原子排列是规则的，所以金属内的晶粒都具有规则的外形。（　　）
11. 液态纯金属的结晶是在恒温下进行的，所以它具有固定的熔点。而液态合金的结晶大多数是在一定温度范围内进行的，所以它具有两个临界点。（　　）
12. 固溶体的晶格与其溶剂的晶格相同。（　　）
13. 固溶强化的合金硬度值主要取决于溶质的溶解度。（　　）
14. 形变强化金属的强度、硬度值主要取决于晶格畸变程度。（　　）
15. 铁碳合金发生共析转变，获得的组织为珠光体，它属于固溶体相结构。（　　）
16. 钢与白口铸铁在结晶过程中均会发生共析反应。（　　）
17. 珠光体具有良好的综合力学性能，因为它是机械混合物；而低温莱氏体也是机械混合物，所以它也有良好的综合力学性能。（　　）
18. 渗碳体是金属化合物，其性能是硬而脆；而低温莱氏体的性能也是硬而脆，故莱氏体也属于金属化合物。（　　）
19. 共析转变只有在共析温度和共析成分均满足的条件才能发生，铁碳合金在结晶过程中无论何种成分，均会发生共析转变。（　　）
20. 纯铁在升温过程中，在912℃时发生同素异构转变，由体心立方晶格的 α-Fe 转变为面心立方晶格的 γ-Fe。这种转变也是结晶过程，同样遵循晶核形成和晶核长大的结晶规律。（　　）
21. 奥氏体是碳溶解在 γ-Fe 中所形成的固溶体，具有面心立方结构，而铁素体是碳溶解在 α-Fe 中所形成的固溶体，具有体心立方结构。（　　）
22. 钢和生铁都是铁碳合金。其中，碳的质量分数 w_C 小于 0.77% 的称为钢，碳的质量分数大于 2.11% 的称为生铁。（　　）

班级		成绩	
姓名		任课教师	
学号		批改日期	

23. 珠光体是铁素体和渗碳体的机械混合物，珠光体的力学性能介于铁素体和渗碳体之间。（　　）
24. 钢中碳的质量分数（含碳量）对钢的性能有重要的影响。40 钢与 45 钢相比，后者的强度高，硬度也高，但后者的塑性差。（　　）
25. 在 Fe－Fe$_3$C 相图中，A_3 线和 A_{cm} 线的温度变化规律均随碳的质量分数的增加而降低。（　　）
26. 在 Fe－Fe$_3$C 相图中，碳的质量分数（含碳量）为 2.4% 和 4.6% 的铁碳合金由液态结晶为固态的过程中，均会发生共晶转变。（　　）
27. 钢和生铁都是以铁碳为主的合金。（　　）
28. 用锰铁、硅铁进行充分脱氧后，可获得镇静钢。（　　）
29. 钢中的 Mn、Si、S、P 等杂质元素的含量一般都低于生铁。（　　）
30. 高碳钢的质量优于低碳钢。（　　）
31. 碳素工具钢都属于高碳钢。（　　）
32. 大部分合金钢的淬透性比碳素钢好。（　　）
33. 用合金渗碳钢只进行表面渗碳淬火＋低温回火，就能达到"表硬心韧"的要求。（　　）
34. 用 40Cr 材料所制的机床主轴，经淬火＋高温回火，即可提高其综合力学性能。（　　）
35. 高速工具钢属于高合金钢，具有硬度高、耐磨性和热硬性好等特点。（　　）
36. 热硬性高的工具钢，必定有较高的回火稳定性。（　　）
37. 合金工具钢只有通过热处理，才能显著提高其力学性能。（　　）
38. 为了改善低碳钢的切削加工性能，可以用正火代替退火。因为正火比退火周期短，正火后的硬度比退火后的硬度低，便于进行切削加工。（　　）
39. 淬火的主要目的是提高钢的硬度，因此，淬火钢可以不经回火而直接使用。（　　）

（二）选择题

1. 拉伸试验时，试样拉断前所能承受的最大应力称为材料的（　　）。
   A. 屈服强度　　　B. 抗拉强度　　　C. 弹性极限强度　　　D. 疲劳强度
2. 测定 45 钢表面淬火的硬度，一般选用（　　）。
   A. 布氏硬度计　　　B. 洛氏硬度计　　　C. 维氏硬度计
3. 做疲劳强度试验时，试样承受的载荷为（　　）。
   A. 静载荷　　　B. 一次冲击载荷　　　C. 循环载荷
4. 金属的（　　）越好，其锻造性能就越好。
   A. 强度　　　B. 塑性　　　C. 硬度　　　D. 蠕变强度
5. 长期在高温下工作的零件，要具有一定的（　　）。
   A. 强度　　　B. 塑性　　　C. 硬度　　　D. 蠕变强度
6. 原子不具备规则排列的物质称为（　　）。
   A. 晶体　　　B. 非晶体　　　C. 晶格　　　D. 晶粒

班级		成绩	
姓名		任课教师	
学号		批改日期	

7. 金属中的空位和间隙原子称为点缺陷。这种点缺陷对其力学性能的影响会（　　）。
   A. 提高塑性　　　　B. 提高强度　　　　C. 提高冲击韧性
8. 金属在结晶时，对液态金属采用附加振动，其目的是（　　）。
   A. 增加形核率　　B. 减少形核率　　C. 提高晶核长大速度　　D. 减少过冷度
9. 纯铁由 γ–Fe 转变为 α–Fe 时，体积将会（　　）。
   A. 收缩　　　　　B. 膨胀　　　　　C. 畸变　　　　　　　D. 开裂
10. 共晶成分的合金在极缓冷条件下发生共晶转变时，生成的组织是（　　）。
    A. 固溶体　　　　B. 共晶体　　　　C. 化合物　　　　　　D. 固溶体＋共晶体
11. 金属在下列情况无相变的是（　　）。
    A. 液态金属凝固　B. 晶粒由粗变细　C. 同素异晶转变　　　D. 晶格转变
12. 下列相结构中，（　　）相和（　　）相按合适的比例组成的机械混合物具有良好的综合力学性能。
    A. F　　　　　　B. A　　　　　　C. Fe_3C　　　　　　D. Ld
13. 铁素体为（　　）晶格，奥氏体为（　　）晶格。
    A. 体心立方晶格　B. 面心立方晶格　C. 密排六方晶格　　　D. 复杂八面体晶格
14. 从铁素体中析出的渗碳体为（　　），从奥氏体中析出的渗碳体为（　　），从液体中析出的渗碳体为（　　）。
    A. 一次渗碳体　　B. 二次渗碳体　　C. 三次渗碳体　　　　D. 四次渗碳体
15. 在 $Fe-Fe_3C$ 相图中，发生共析转变的温度为（　　），共析成分 w_C 为（　　）。
    A. 1148℃　　　　B. 727℃　　　　 C. 2.11%　　　　　　D. 0.77%
16. 在 $Fe-Fe_3C$ 相图上的共晶线是（　　），共析线是（　　）。
    A. *ECF*　　　　B. *AECF*　　　 C. *PSK*　　　　　　D. *GS*
17. 在下列碳素钢中，（　　）钢热处理后的弹性最好；（　　）钢塑性最好；（　　）钢热处理后的硬度最高；（　　）钢热处理后的综合力学性能最好。
    A. 08F　　　　　B. 65　　　　　　C. 45　　　　　　　　D. T10
18. 选择下列零件的材料：冲压件（　　）、齿轮（　　）、塔架（　　）、小弹簧（　　）。
    A. 45　　　　　　B. 08F　　　　　C. Q235　　　　　　　D. 65
19. 正确选择制造下列零件的材料。
    机床主轴（　　）；汽车变速箱齿轮（　　）；机车行走部弹簧（　　）；铁路道岔（　　）；储酸罐（　　）；滚动轴承套圈（　　）；车体结构架（　　）。
    A. 06Cr18Ni11Ti　B. 40Cr　　　　　C. GCr15　　　　　　D. 20CrMnTi
    E. 60Si2Mn　　　F. Q345　　　　　G. ZGMn13

20. 正确选择制造下列工具的材料。
    机用丝锥（   ）；热锻模（   ）；成形铣刀（   ）；冷挤压模（   ）。
    A. W18Cr4V   B. Cr12   C. 9SiCr   D. 5CrMnMo

21. 将下列合金钢的牌号填入合金钢类别的括号内。
    低合金高强度结构钢（   ）；合金渗碳钢（   ）；合金调质钢（   ）；合金弹簧钢
    （   ）；滚动轴承钢（   ）；不锈钢（   ）。
    A. 20Cr   B. 40Cr   C. 06Cr18Ni11Ti   D. GCr15
    E. 55Si2Mn   F. Q345

22. 合金渗碳钢经渗碳后必须进行（   ）最终热处理才能使用。
    A. 淬火+低温回火   B. 淬火+中温回火   C. 淬火+高温回火   D. 等温淬火

23. "65Mn"是常用的合金弹簧钢。其中"65"表示的意义是（   ）。
    A. 钢中碳的质量分数为 6.5% 左右   B. 钢中碳的质量分数为 0.65% 左右
    C. 钢中锰的质量分数为 6.5% 左右   D. 钢中锰的质量分数为 0.65% 左右

24. 成分相同的钢，经过不同的热处理，可以得到不同的组织，从而具有不同的力学性能。对于碳的质量分数为 0.45% 的钢，当要求具有高的硬度和良好的耐磨性时，应进行（   ）；当要求具有较高的综合力学性能时，应进行（   ）；当要求具有低的硬度和良好的塑性时，应进行（   ）。
    A. 完全退火   B. 正火   C. 淬火   D. 调质处理
    E. 淬火+中温回火   F. 淬火+低温回火

25. 下列牌号的钢材经过退火后具有平衡组织。其中，（   ）的抗拉强度最高，（   ）的硬度最高，（   ）的塑性最好。
    A. 25   B. 45   C. T8   D. T12

26. 纯铁分别按图 1 所示不同的冷却曲线冷却，其中，沿曲线（   ）冷却，过冷度最小；沿曲线（   ）冷却，结晶速度最慢；沿曲线（   ）冷却，晶粒最细小。

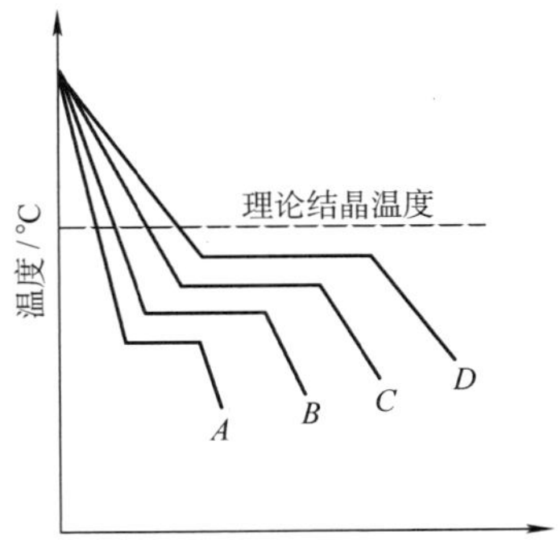

图 1 冷却曲线

27. 铁碳合金相图中的合金在冷却过程中发生的（　　）是共析转变，（　　）是共晶转变。
   A. 液体中结晶出奥氏体　　　　　　　B. 液体中结晶出莱氏体
   C. 液体中结晶出一次渗碳体　　　　　D. 奥氏体中析出二次渗碳体
   E. 奥氏体中析出铁素体　　　　　　　F. 奥氏体转变为珠光体

28. 低碳钢所受到的拉应力（　　）时，开始出现明显的塑性变形；所受到的拉应力（　　）时，将发生断裂。
   A. $\geq \sigma_b$　　　　B. $< \sigma_b$　　　　C. $\geq \sigma_s$　　　　D. $< \sigma_s$

29. 晶粒大小对钢的力学性能影响很大。通过（　　）可以获得细晶粒的钢。
   A. 变质处理　　　　　　　　　　　　B. 加快钢液的冷却速度
   C. 完全退火　　　　　　　　　　　　D. A、B 和 C

班级		成绩	
姓名		任课教师	
学号		批改日期	

二、金属的液态成形

（一）判断题

1. 为提高型砂的耐火性，应选 SiO_2 含量高且颗粒大、呈圆形的砂。（   ）
2. 起补缩作用的冒口应设置在最后凝固的部位。（   ）
3. 为提高生产率，铸件浇注凝固后应立即开箱落砂。（   ）
4. 压力铸造工艺适合各种金属的铸造。（   ）
5. 浇注温度是影响铸造合金充型能力和铸件质量的重要因素。提高浇注温度有利于获得形状完整、轮廓清晰、薄而复杂的铸件。因此，浇注温度越高越好。（   ）
6. 铸件的凝固方式有逐层凝固、中间凝固和糊状凝固三种方式。影响铸件凝固方式的主要因素是铸件的化学成分和冷却速度。（   ）
7. 合金收缩需经历三个阶段。其中，液态收缩和凝固收缩是铸件产生缩孔、缩松的根本原因；而固态收缩是铸件产生内应力、变形和裂纹的主要原因。（   ）
8. 结晶温度范围的大小对合金结晶过程有重要影响。铸造生产都希望采用结晶温度范围小的合金或共晶成分合金，原因是这些合金的流动性好，且易形成集中缩孔，从而可以通过设置冒口，将缩孔转移到冒口中，得到合格的铸件。（   ）
9. 为了防止铸件产生裂纹，在零件设计时，力求壁厚均匀；在合金成分上应严格限制钢和铸铁中的硫、磷含量；在工艺上应提高型砂及型芯砂的退让性。（   ）
10. 铸造合金的充型能力主要取决于合金的流动性、浇注条件和铸型性质，所以当合金的成分和铸件结构一定时，控制合金充型能力的唯一因素是浇注温度。（   ）
11. 铸造合金在冷却过程中产生的收缩分为液态收缩、凝固收缩和固态收缩。共晶成分合金由于在恒温下凝固，即开始凝固温度等于凝固终止温度，结晶温度范围为零。因此，共晶成分合金不产生凝固收缩，只产生液态收缩和固态收缩，具有很好的铸造性能。（   ）
12. 气孔是气体在铸件内形成的孔洞。气孔不仅降低了铸件的力学性能，而且还降低了铸件的气密性。（   ）
13. 采用顺序凝固原则，可以防止铸件产生缩孔缺陷，但它也增加了造型的复杂程度，并耗费许多合金液体，同时增大了铸件产生变形、裂纹的倾向。（   ）
14. 当过热度相同时，亚共晶铸铁的流动性随着碳的质量分数的增多而提高。（   ）
15. 为防止缩孔的产生，可安放冒口和冷铁，实现顺序凝固。冒口起补缩作用，冷铁也起补缩作用。（   ）
16. 缩孔呈倒锥形，内表面粗糙；热裂纹形状曲折，氧化色，缝隙宽；冷裂纹呈连续直线状，轻微氧化色，缝隙细小。（   ）
17. 合金的流动性越好，充型能力越强，越易于得到轮廓清晰、薄而复杂的铸件；合金的流动性越好，补缩能力越强，越利于防止缩孔的产生。（   ）
18. 冷铁与冒口配合，可使铸件实现顺序凝固；使用冷铁，也可使铸件实现同时凝固。所以，冷铁的作用是控制铸件的凝固顺序。（   ）

班级		成绩	
姓名		任课教师	
学号		批改日期	

19. 用某成分铁液浇注的铸件为铁素体灰铸铁件。如果对该成分铁液进行孕育处理，可以获得珠光体灰铸铁，从而提高铸件的强度和硬度。（　　）
20. 就 HT100、HT150、HT200 而言，随着牌号的提高，C、Si 和 Mn 的含量逐渐增多，可以减少片状石墨的数量，增加珠光体的数量。（　　）
21. 可锻铸铁的强度和塑性都高于灰铸铁，所以适合于生产厚壁的重要铸件。（　　）
22. 孕育处理是生产孕育铸铁和球墨铸铁的必要工序，一般采用硅的质量分数为 75% 的硅铁合金作为孕育剂。孕育处理的主要目的是促进石墨化，防止产生白口，并细化石墨。但由于两种铸铁的石墨形态不同，致使孕育铸铁的强度和塑性均低于球墨铸铁。（　　）
23. 灰铸铁由于组织中存在着大量的片状石墨，因而抗拉强度和塑性都远低于铸钢。但是片状石墨的存在，对灰铸铁的抗压强度影响较小，所以灰铸铁适合于生产承受压应力的铸件。（　　）
24. 芯头是砂芯的一个组成部分，它不仅能使砂芯定位、排气，还能形成铸件内腔。（　　）
25. 机器造型时，假如零件图上的凸台或肋板妨碍起模，则制订铸造工艺图时应该用型芯予以解决。（　　）
26. 若砂芯安放不牢固或定位不准确，则产生偏芯；若砂芯排气不畅，则易产生气孔；若砂芯阻碍铸件收缩，则减少铸件的机械应力和热裂倾向。（　　）
27. 绘制铸造工艺图时，选择浇注位置的出发点是保证铸件的质量，而选择分型面的出发点是在保证铸件质量的前提下简化造型工艺。（　　）
28. 浇注位置选择的原则之一是将铸件的大平面朝下，其主要目的是防止产生缩孔缺陷。（　　）
29. 分型面是为起模或取出铸件而设置的，砂型铸造、熔模铸造和金属型铸造所用的铸型都有分型面。（　　）
30. 铸造生产的显著优点是适合于制造形状复杂，特别是具有复杂内腔的铸件。为了获得铸件的内腔，不论是砂型铸造还是特种铸造均需使用型芯。（　　）
31. 熔模铸造一般在铸型焙烧后冷却至 600～700℃ 时进行浇注，从而提高液态合金的充型能力。因此，对相同成分的铸造合金而言，熔模铸件的最小壁厚可小于金属型和砂型铸件的最小壁厚。（　　）
32. 为避免缩孔、缩松或热应力、裂纹的产生，零件壁厚应尽可能均匀。所以设计零件的外壁和内壁、外壁和肋板，其厚度均应相等。（　　）
33. 零件的内腔应尽量设计成开口式的，并且高度 h 与开口的直径 d 之比（h/d）要小于 1，这样造型时可以避免使用砂芯，内腔靠自带砂芯来形成。（　　）

（二）选择题
1. （　　）是铸件产生缩孔、缩松的根本原因；（　　）是铸件产生内应力、变形和裂纹等缺陷的主要原因。
　　A. 液态收缩　　　　B. 固态收缩　　　　C. 凝固收缩

2. 调节金属流入型腔的速度，产生一定的充填压力的是（　　）。
   A. 外浇口　　　　B. 直浇道　　　　C. 横浇道　　　　D. 内浇道
3. 铸件的壁厚应力求均匀，否则在厚壁处可能产生（　　）等缺陷。
   A. 缩孔或缩松　　B. 冷隔　　　　　C. 浇不足　　　　D. 夹渣
4. 为了防止铸件产生浇不足、冷隔等缺陷，可以采取的措施有（　　）。
   A. 减弱铸型的冷却能力　　　　　　B. 增加铸型的直浇口高度
   C. 提高合金的浇注温度　　　　　　D. A、B 和 C
5. 顺序凝固和同时凝固均有各自的优缺点。为保证铸件质量，通常顺序凝固适合于（　　）。
   A. 吸气倾向大的铸造合金　　　　　B. 产生变形和裂纹倾向大的铸造合金
   C. 流动性差的铸造合金　　　　　　D. 产生缩孔倾向大的铸造合金
6. 铸造应力过大将导致铸件产生变形或裂纹。减小和消除铸件中热应力的方法是（　　）；减小和消除铸件中机械应力的方法是（　　）。
   A. 采用同时凝固原则　　　　　　　B. 提高型砂、芯砂的退让性
   C. 及时落砂　　　　　　　　　　　D. 去应力退火
7. 衡量合金铸造性能的指标主要是指合金的（　　）、（　　）和偏析。
   A. 充型能力　　B. 流动性　　　　C. 收缩　　　　　D. 缩孔倾向
8. 铸铁生产中，为了获得珠光体灰铸铁，可以采取的方法有（　　）。
   A. 孕育处理　　　　　　　　　　　B. 适当降低碳、硅的含量
   C. 提高冷却速度　　　　　　　　　D. A、B 和 C
9. HT100、KTH300-06、QT400-18 的力学性能各不相同，其主要原因是它们的（　　）不同。
   A. 基体组织　　B. 碳的存在形式　C. 石墨形态　　　D. 铸造性能
10. 灰铸铁（HT）、球墨铸铁（QT）、铸钢（ZG）三者铸造性能的优劣顺序是（　　）；塑性的高低顺序为（　　）。
    A. ZG＞QT＞HT　　B. HT＞QT＞ZG　　C. HT＞ZG＞QT　　D. QT＞ZG＞HT
    （注：符号"＞"表示"优于"或"高于"）
11. 冷却速度对各种铸铁的组织、性能均有影响，其中，（　　）受冷却速度的影响最小，所以它适于产生厚壁或壁厚不均匀的较大型铸件。
    A. 灰铸铁　　　B. 孕育铸铁　　　C. 可锻铸铁　　　D. 球墨铸铁
12. 牌号 HT150 中的"150"表示（　　）。
    A. 该牌号铸铁标准试样的最低抗拉强度不低于 150MPa
    B. 该牌号铸铁的碳质量分数为 1.50%
    C. 该牌号铸铁标准试样的最低屈服强度不低于 150MPa
    D. 该牌号铸铁件的最低抗拉强度不低于 150MPa
13. 用化学成分相同的铸造合金浇注相同形状和尺寸的铸件。设砂型铸造得到的铸件强度为 $\sigma_砂$，金属型铸造的铸件强度为 $\sigma_金$；压力铸造的铸件强度为 $\sigma_压$，则（　　）。
    A. $\sigma_砂 = \sigma_金 = \sigma_压$　　B. $\sigma_砂 > \sigma_金 > \sigma_压$　　C. $\sigma_砂 < \sigma_金 < \sigma_压$　　D. $\sigma_砂 < \sigma_金 > \sigma_压$

班级		成绩	
姓名		任课教师	
学号		批改日期	

14. 铸件上所有垂直于分型面的立壁均应有斜度。当立壁的表面为加工表面时，该斜度称为（　　）。
    A. 起模斜度　　　　B. 结构斜度　　　　C. 起模斜度或结构斜度

15. 在铸造条件和铸件尺寸相同的条件下，铸钢件的最小壁厚要大于灰铸铁件的最小壁厚，其主要原因是铸钢的（　　）。
    A. 收缩大　　　B. 流动性差　　　C. 浇注温度高　　　D. 铸造应力大

16. 熔模铸造和砂型铸造相比，尽管前者有许多优点，但又不能完全取代后者，其原因是（　　）。
    A. 铸造合金种类受到限制　　　　B. 铸件重量受到限制
    C. 生产批量受到限制　　　　　　D. B 和 C

17. 在砂型铸造和特种铸造中，生产率最高的生产方法为（　　），铸件表面粗糙度最低的生产方法为（　　），铸件尺寸最大的生产方法为（　　）。
    A. 砂型铸造　　　B. 熔模铸造　　　C. 金属型铸造　　　D. 压力铸造
    E. 低压铸造　　　F. 离心铸造

班级		成绩	
姓名		任课教师	
学号		批改日期	

三、金属的塑性成形

（一）判断题

1. 金属塑性变形时只产生形状的变化，而不发生体积的变化。（   ）
2. 塑性是金属固有的一种属性，它不随压力加工方式的变化而变化。（   ）
3. 冷拔可以提高产品的强度。（   ）
4. 金属经热锻并冷却后，锻件内部的晶粒沿变形方向伸长，并产生碎晶。若对该锻件进行再结晶退火，便可获得细晶组织。（   ）
5. 只有经过冷变形的钢，才会在加热时产生回复与再结晶。（   ）
6. 金属的塑性越好，变形抗力就越大，其可锻性就越好；反之则差。（   ）
7. 某批锻件经检查，发现由于纤维组织分布不合理而不能应用。若对这批锻件进行适当的热处理，就可以使锻件重新得到应用。（   ）
8. 锻造同一种零件，若以钢锭为坯料时，锻造比应选得大一些；若以轧材（如圆钢）为坯料，锻造比应选得小一些。（   ）
9. 在相同的锻造工艺条件下，15 钢、40 钢、T8 钢三种材料相比较，40 钢的可锻性最好。（   ）
10. 合金钢塑性较差，为了提高其塑性，可采用减小变形速度或在三向压应力下变形等措施。（   ）
11. 自由锻是单件、小批生产锻件最经济的方法，也是生产重型、大型锻件的唯一方法。（   ）
12. 绘制自由锻锻件图时，应考虑在零件上增加敷料、加工余量和锻件公差。（   ）
13. 自由锻冲孔前，通常先要镦粗，以使冲孔面平整和减小冲孔深度。（   ）
14. 锤上模锻用的终锻模膛与预锻模膛的形状近似，但后者有飞边槽。（   ）
15. 模锻深度与宽度的比值 h/b 越大，模锻斜度就越大。（   ）
16. 模锻终锻模膛的飞边槽只起容纳多余金属的作用。（   ）
17. 绘制模锻件图时，设计模锻圆角的目的是使锻件外观更加美观。（   ）
18. 绘制模锻件图时，设计冲孔连皮的目的是保护冲头。（   ）
19. 胎模锻一般采用自由锻制坯，然后再用胎模成形，因此，胎模锻在一定程度上兼有自由锻和模锻的特点。（   ）
20. 胎模锻最常用的设备是自由锻设备。（   ）
21. 弯曲模的角度必须与冲压件的弯曲角度一致。（   ）
22. 锤上模锻加工的锻件质量不能太大。（   ）
23. 在合理的间隙范围内，落料模的模具间隙越小，则落料件的毛刺越小，精度越高。（   ）
24. 板料弯曲后两边所夹的角度越小，则弯曲部分的变形程度越大。（   ）
25. 在拉深过程中，拉深系数过小时，拉深件易产生拉裂的缺陷。（   ）
26. 胎模锻不需要专用的锻造设备。（   ）

班级		成绩	
姓名		任课教师	
学号		批改日期	

27. 板料弯曲时，回弹角的大小只取决于弯曲半径。（   ）
28. 分离工序就是使坯料沿封闭轮廓分离。（   ）
29. 分离工序主要包括：落料、冲孔、剪切、修整等工序。（   ）
30. 变形工序主要包括：拉深、弯曲、翻边、成形等工序。（   ）
31. 复合模就是在压力机的一次行程中，冲模在不同的工位上可以同时完成两道以上的冲压工序。（   ）
32. 受翻边系数的限制，一次翻边达不到零件凸缘高度要求时，则可以进行多次翻边。（   ）
33. 压力机的一次冲程中，在模具的不同工位上同时完成两道以上工序的冲压模具，称为连续模。（   ）
34. 弯曲变形时弯曲线应与锻造流线方向垂直。（   ）
35. 反复弯折钢丝，钢丝会越来越硬，最后会断裂。（   ）
36. 金属锻造时，压应力数目越多，金属塑性越好。（   ）
37. 为了简化锻件形状，便于锻造而添加的一部分金属称为余量。（   ）
38. 纤维组织很稳定，一般可通过热处理来消除。（   ）
39. 锤上模锻不能锻出通孔。（   ）
40. 自由锻不能锻出通孔。（   ）
41. 拉深系数越大，则变形程度越大。（   ）
42. 可锻性是指在锻造过程中金属产生塑性变形而不开裂的能力。（   ）
43. 冷变形强化可使金属的可锻性变好。（   ）
44. 再结晶退火可以消除金属的冷变形强化现象，提高金属的塑性和韧性，提高金属的可锻性。（   ）
45. 在设计和锻造机械零件时，要尽量使锻件的锻造流线与零件的外形轮廓相吻合。（   ）
46. 形状复杂的锻件锻后不应缓慢冷却。（   ）
47. 冲压件材料应具有良好的塑性。（   ）
48. 落料与冲裁都属于冲裁工序，但两者的用途不同。（   ）

（二）选择题
1. 只有具有一定塑性的金属材料才能用压力加工的方法成形。如（   ）就不能采用压力加工的方法成形。
   A. 低碳钢　　　　B. 灰铸铁　　　　C. 铝合金　　　　D. 铜合金
2. 某种材料的塑性较低，但又要用压力加工的方法成形。此时，以选用（   ）方法的成形效果最好。
   A. 轧制　　　　B. 拉拔　　　　C. 挤压　　　　D. 自由锻造
3. 冷变形金属的（   ）过程是通过形核和长大方式完成的。
   A. 回复　　　　B. 再结晶　　　　C. 长大

班级		成绩	
姓名		任课教师	
学号		批改日期	

4. 单晶体的塑性变形主要是通过（　　）来进行的。
   A. 滑移　　　　　　　B. 孪生　　　　　　　C. 晶界移动
5. 实际金属的塑性变形是通过（　　）的移动来实现的。
   A. 晶界　　　　　　　B. 位错　　　　　　　C. 间隙原子　　　　D. 空位
6. 所谓（　　），是指将冷变形金属加热到不高的温度，金属内部的晶格畸变基本消除，内应力降低，而变形金属的显微组织无显著变化，晶粒仍保持纤维状或扁平状变形组织的阶段。
   A. 热处理　　　　　　B. 再结晶　　　　　　C. 晶粒长大　　　　D. 回复
7. 有一批大型锻件，晶粒粗大，不符合质量要求，产生问题的原因是（　　）。
   A. 终锻温度过低　　　B. 终锻温度过高　　　C. 始锻温度过低
8. 用钢锭锻造锻件，为了能够充分打碎铸态晶粒，获得优良的力学性能，其锻造比应选（　　）。
   A. 1～1.2　　　　　　B. 1.2～1.5　　　　　C. 1.5～2.0　　　　D. 2.0～5.0
9. 用下列方法生产的钢制齿轮中，力学性能最好的是（　　）。
   A. 精密铸造齿轮　　　　　　　　　　　　　B. 利用厚板切削的齿轮
   C. 利用圆钢直接加工的齿轮　　　　　　　　D. 利用圆钢经镦粗后加工的齿轮
10. 45钢加热后，锻造时呈块状碎裂，完全丧失了可锻性，这是由于（　　）而引起的。
    A. 过热　　　　　　　B. 过烧　　　　　　　C. 热应力　　　　　D. 氧化和脱碳
11. 经过热变形的锻件一般都具有纤维组织。通常应使锻件工作时的最大正应力与纤维方向（　　）。
    A. 平行　　　　　　　B. 垂直　　　　　　　C. 呈45°角　　　　D. 呈任意角度均可
12. 加工硬化是由塑性变形时金属内部组织变化引起的。加工硬化产生后金属组织的变化有（　　）。
    A. 晶粒沿变形方向伸长　　　　　　　　　　B. 滑移面和晶粒间产生碎晶
    C. 晶格扭曲，位错密度增加　　　　　　　　D. A、B 和 C
13. 下列能够改变锻件内部纤维组织分布的方法是（　　）。
    A. 热处理　　　　　　B. 再结晶　　　　　　C. 塑性变形　　　　D. 细化晶粒
14. 碳的质量分数大于0.8%的高碳钢与低碳钢相比，可锻性较差。在选择终锻温度时，高碳钢的终锻温度却低于低碳钢的终锻温度；其主要原因是（　　）。
    A. 使高碳钢晶粒细化，提高强度　　　　　　B. 使高碳钢获得优良的表面质量
    C. 避免高碳钢内部形成网状碳化物
15. 制造重要螺栓，采用（　　）的方法最合理。
    A. 圆棒切削加工　　　B. 铸造　　　　　　　C. 锻造　　　　　　D. 焊接
16. 金属在锻造加热时，如果出现过烧，则（　　）。
    A. 通过正火消除　　　B. 多次锻造消除　　　C. 冷却后重新加热　D. 无法消除

班级		成绩	
姓名		任课教师	
学号		批改日期	

17. 钨（$T_{熔}=3380℃$）和铜（$T_{熔}=1083℃$）在800℃以下进行加工，分别为（　　）。
    A. 冷加工、冷加工　　　　　　　　　B. 冷加工、热加工
    C. 热加工、冷加工　　　　　　　　　D. 热加工、热加工

18. 锻造圆柱齿轮100件，为提高生产率，决定采用胎模锻造，此时应选用（　　）。
    A. 扣模　　　　　　B. 筒模　　　　　　C. 合模

19. 镦粗、拔长、冲孔工序都属于（　　）。
    A. 精整工序　　　　B. 辅助工序　　　　C. 基本工序

20. 热加工不会引起以下哪种变化？（　　）
    A. 加工硬化　　　　　　　　　　　　　B. 形成纤维组织
    C. 改善铸锭和钢坯的组织　　　　　　　D. 细化晶粒

21. 锤上模锻时，锻件最终成形是在（　　）中完成的，经切边后，锻件形状才符合图样要求。
    A. 预锻模膛　　　B. 终锻模膛　　　C. 滚压模膛　　　D. 弯曲模膛

22. 低塑性合金钢材料适合在（　　）上进行锻造。
    A. 自由锻锤　　　B. 模锻锤　　　　C. 水压机

23. 平锻机上模锻所使用的锻模由三部分组成，具有两个相互垂直的分型面，因此平锻机最适于锻造（　　）。
    A. 厚大零件　　　B. 无孔盘类零件　　C. 曲轴类零件　　D. 带头部杆类零件

24. 大批量生产形状较复杂的中、小型锻件时，应选用的压力加工方法是（　　）。
    A. 轧制　　　　　B. 模型锻造　　　　C. 板料冲压　　　D. 自由锻造

25. 自由锻镦粗时，坯料的高度与直径之比（H/D）应限制在（　　）范围内。
    A. 1～1.25　　　B. 1.25～2.5　　　C. 2.5～3.25　　　D. 3.25～4.5

26. 对列举的零件选择压力加工制坯的方法。活扳手（大批量）（　　）、铣床主轴（成批）（　　）、起重机吊钩（单件）（　　）。
    A. 自由锻造　　　B. 模型锻造　　　　C. 胎模锻造　　　D. 板料冲压

27. 压力加工的操作工序中，工序名称比较多，属于自由锻的工序是（　　）。
    A. 镦粗、拔长、冲孔、轧制　　　　　B. 拔长、镦粗、挤压、翻边
    C. 镦粗、拔长、冲孔、弯曲　　　　　D. 拉深、弯曲、冲孔、翻边

28. 经过再结晶后，冷变形金属的（　　）显著下降。
    A. 硬度、强度　　B. 塑性、强度　　　C. 塑性、韧性　　D. 硬度、韧性

29. 厚度为1mm、直径为$\phi 350mm$的钢板经拉深制成外径为$\phi 150mm$的杯形冲压件，极限拉深系数为0.5。该件要经过（　　）拉深才能制成。
    A. 一次　　　　　B. 两次　　　　　　C. 三次　　　　　D. 四次

30. 大批量生产外径为$\phi 50mm$，内径为$\phi 25mm$，厚度为2mm的冲压件。为保证孔与外圆的同轴度，应选用（　　）。
    A. 简单模　　　　B. 连续模　　　　　C. 复合模

班级		成绩	
姓名		任课教师	
学号		批改日期	

31. 设计冲孔凸模时，其凸模刃口尺寸应该是（   ）。
    A. 冲孔件孔的尺寸   B. 冲孔件孔的尺寸 +2Z（Z 为单侧间隙）
    C. 冲孔件孔的尺寸 −2Z   D. 冲孔件孔的尺寸 −Z
32. 冲压模具结构由复杂到简单的排列顺序为（   ）。
    A. 复合模、简单模、连续模   B. 简单模、连续模、复合模
    C. 连续模、复合模、简单模   D. 复合模、连续模、简单模
33. 设计落料凹模时，其凹模刃口尺寸应该是（   ）。
    A. 落料件孔的尺寸
    B. 落料件外缘的尺寸
    C. 冲落料件外缘的尺寸 −2Z（Z 为单侧间隙）
    D. 落料件外缘的尺寸 +2Z
34. 冲裁变形时，冲裁件的断面质量主要取决于（   ）。
    A. 模具刃口的锋利程度   B. 凸凹模之间的间隙
    C. 冲裁件的排样方式   D. A、B 和 C
35. 板料拉深时易于产生的缺陷有（   ）。
    A. 回弹   B. 拉裂   C. 起皱   D. B 和 C
36. 生产弯曲件时，应尽可能使弯曲线与板料纤维组织的方向（   ）。
    A. 平行   B. 垂直   C. 呈 45°角   D. 呈任意角度均可
37. 板料弯曲时容易产生的缺陷有（   ）。
    A. 起皱   B. 塌角   C. 毛刺   D. 弯裂

班级		成绩	
姓名		任课教师	
学号		批改日期	

四、材料的焊接成形

（一）判断题

1. 焊接电弧是熔焊最常用的一种热源。它与气焊的氧－乙炔火焰一样，都是气体燃烧现象，只是焊接电弧的温度更高，热量更加集中。（   ）

2. 焊接应力产生的原因是在焊接过程中被焊工件产生了不均匀的变形，因此，防止焊接变形的工艺措施，均可减小焊接应力。（   ）

3. 焊接应力和焊接变形是同时产生的。若被焊结构刚度较大或被焊金属塑性较差，则产生的焊接变形较小，焊接应力也较小。（   ）

4. 焊条电弧焊在焊接过程中会产生大量烟雾，烟雾对焊工的身体有害，因此，在制造焊条时，应尽量去除能产生烟雾的物质。（   ）

5. 焊接板厚20mm、质量要求较高的制件时，应尽可能选择酸性焊条。（   ）

6. 根据熔焊的冶金特点，熔焊过程中必须采取的措施是：①提供有效的保护；②控制焊缝金属的化学成分；③进行脱氧和脱硫、磷。（   ）

7. 中、高碳钢及合金钢焊接接头，存在对接头质量非常不利的淬火区，该淬火区的塑性、韧性低，容易产生裂纹，因此焊接这类钢时一般均需进行焊前预热，以防淬火区的形成。（   ）

8. 氩弧焊采用氩气保护，焊接质量好，适于焊接低碳钢和非铁合金。（   ）

9. 埋弧焊具有生产率高、焊接质量好、劳动条件好等优点，因此，广泛用于生产批量较大，水平位置的长、直焊缝的焊接，但它不适于薄板和短的不规则焊缝的焊接。（   ）

10. 点焊和缝焊用于薄板的焊接，但焊接过程中易产生分流现象，为了减少分流，点焊和缝焊接头形式需采用搭接。（   ）

11. 金属的焊接性不是一成不变的。同一种金属材料，采用不同的焊接方法及焊接材料，其焊接性可能有很大差别。（   ）

12. 压焊只需加压，不需加热。（   ）

13. 厚大碳钢件的焊接应采用直流电源正接法。（   ）

14. 低氢型焊条既能保证焊缝良好的力学性能，又能保证良好的施焊工艺性能。（   ）

15. 低碳钢焊接时应首先考虑选用酸性焊条。（   ）

16. 焊接工件接头应尽量选用对接平焊的设计。（   ）

17. 焊接应力、变形是完全可以防止的。（   ）

18. 焊件的残余应力采用退火的方法可以基本消除。（   ）

19. 电弧焊的熔池体积小，冷却速度快，在很短时间内就凝结为焊缝，因此，电弧周围的空气对焊缝质量影响不大。（   ）

20. 在熔焊焊接接头中，热影响区是不可避免的，但用不同焊接方法形成的热影响区，其总宽度是不同的。（   ）

21. 对于焊接变形，如果材料的塑性较差，可以用机械矫正法。（   ）

班级		成绩	
姓名		任课教师	
学号		批改日期	

22. 焊条电弧焊若使用埋弧焊那样大的电流，也可大大提高生产率。（ ）。
23. 埋弧焊、氩弧焊和电阻焊都属于熔焊。（ ）
24. CO_2气体保护焊与焊条电弧焊相比，成本低，生产率高。与埋弧焊相比，可以进行各种空间位置的焊接。但是CO_2气体保护焊一般只适用于焊接低碳钢和低合金钢。（ ）
25. 电渣焊适用于焊接大厚度工件，生产率高，而且节省金属。电渣焊时焊接速度慢，对熔池保护严密，焊缝金属比较纯净，不易产生气孔和夹渣。但是焊后必须对接头进行正火处理，以保证焊接质量。（ ）
26. 与焊条电弧焊相比，钎焊时焊件的组织变化小，焊接变形也小。（ ）
27. 焊条电弧焊、埋弧焊、氩弧焊、CO_2气体保护焊和电渣焊不仅可以焊接直焊缝，而且还可以焊接环焊缝，只是对环焊缝最小直径的要求有所不同。（ ）
28. 点焊时会出现分流现象，为保证焊点质量，应增大点距，以减小分流。工件厚度越大，导电性越差，点距应越大。（ ）
29. 设计焊接结构时，为了减少焊缝数量和简化焊接工艺，应尽可能多地采用工字钢、槽钢和钢管等成形钢材。（ ）
30. 工字梁的扭曲变形主要是受焊接应力而引起的。（ ）
31. 钎焊不适宜重载机件的焊接。（ ）
32. 酸性焊条因氧化性强，故对油、水和铁锈产生的气孔的敏感性较小。（ ）
33. 薄板轻型结构有密封要求，一般应选用缝焊。（ ）
34. 一般焊接接头中的熔合区和过热区是两个力学性能较差的区。（ ）
35. 焊接是通过加热或加压，或两者并用，并且用或不用焊接材料，使焊件达到原子结合的一种加工方法。（ ）
36. 使用直流电源时，正接和反接的效果不同。（ ）
37. 熔合区是焊接接头中焊缝金属向热影响区过渡的区域。（ ）
38. 热影响区是焊缝两侧因焊接热作用没有熔化且没有发生金相组织变化和力学性能变化的区域。（ ）
39. 氩弧焊是采用惰性气体——氩气作为保护气体的气体保护焊方法。（ ）
40. 点焊主要适用于厚板搭接接头。（ ）
41. 碳当量法是依据钢材中化学成分对焊接热影响区淬硬性的影响程度，来评估钢材焊接时可能产生裂纹和硬化倾向的计算方法。（ ）
42. 钢中随着含碳量的增加，钢的焊接性越好。（ ）
43. 焊接方法的选择是根据材料的焊接性、工件厚度、生产率要求、各种焊接方法的适用范围和现场条件来综合考虑的。（ ）
44. 焊条电弧焊是非熔化极电弧焊。（ ）
45. 电焊钳的作用仅仅是夹持焊条。（ ）
46. 一般情况下，焊件厚度大时应尽量选择直径较大的焊条。（ ）
47. 在焊接的四种空间位置中，横焊是最容易操作的。（ ）

班级		成绩	
姓名		任课教师	
学号		批改日期	

48. 异种钢焊接时，一般将抗拉强度等级低的钢材作为选用焊条的依据。（　　）
49. 电渣焊是利用电流通过液态熔渣所产生的电阻热进行焊接的工艺方法。（　　）
50. 钎焊时的加热温度都在450℃以下。（　　）

（二）选择题

1. 对于重要结构、承受冲击载荷或在低温下工作的结构，焊接时需采用碱性焊条，原因是碱性焊条的（　　）。
   A. 焊缝抗裂性好　　　　　　　　　　B. 焊缝冲击韧性好
   C. 焊缝含氢量低　　　　　　　　　　D. A、B 和 C

2. 气体保护焊的焊接热影响区一般都比焊条电弧焊的小，原因是（　　）。
   A. 保护气体保护严密　　　　　　　　B. 焊接电流小
   C. 保护气体对电弧有压缩作用　　　　D. 焊接电弧热量少

3. 氩弧焊的焊接质量比较高，但由于焊接成本高，所以（　　）一般不用氩弧焊焊接。
   A. 铝合金一般结构　　　　　　　　　B. 不锈钢结构
   C. 低碳钢结构　　　　　　　　　　　D. 耐热钢结构

4. 下列几种牌号的焊条中，（　　）只能采用直流电源进行焊接。
   A. J422　　　　B. J502　　　　C. J607　　　　D. J506

5. 焊接电弧中三个区产生的热量由多到少的排列顺序是（　　），温度由高到低的排列顺序是（　　）。
   A. 阴极、阳极、弧柱　　　　　　　　B. 弧柱、阳极、阴极
   C. 阴极、弧柱、阳极　　　　　　　　D. 阳极、阴极、弧柱
   E. 阳极、弧柱、阴极

6. J422 焊条是生产中最常用的一种焊条，原因是（　　）。
   A. 焊接接头质量好　　　　　　　　　B. 焊缝金属含氢量少
   C. 焊接接头抗裂性好　　　　　　　　D. 焊接工艺性能好

7. 埋弧焊比焊条电弧焊的生产率高，主要原因是（　　）。
   A. 实现了焊接过程的自动化　　　　　B. 节省了更换焊条的时间
   C. 可以采用大电流密度焊接　　　　　D. A、B 和 C

8. 焊条牌号"J422"中，"J"表示结构钢焊条，前两位数字"42"表示（　　）。
   A. 焊条的抗拉强度>420MPa　　　　　B. 结构钢的抗拉强度>420MPa
   C. 焊缝的抗拉强度>420MPa　　　　　D. 焊条的抗拉强度=420MPa

9. 不同金属材料的焊接性是不同的。下列铁碳合金中，焊接性最好的是（　　）。
   A. 灰铸铁　　　B. 中碳钢　　　C. 高碳钢　　　D. 低碳钢

10. 用焊条电弧焊焊接金属结构，如果采用直流焊机，焊件为厚板时，应选择（　　）。
    A. 正接法　　　B. 反接法　　　C. 正反交替接法　　　D. 随意

11. 为防止或减少焊接残余应力和变形，必须选用合理的（　　）。
    A. 预热温度　　　B. 焊接材料　　　C. 焊接顺序　　　D. A 和 C

班级		成绩	
姓名		任课教师	
学号		批改日期	

12. 薄板焊接时容易产生的变形是（   ）。
    A. 角变形   B. 弯曲变形   C. 波浪变形
13. 焊接是在被焊工件的接合处产生（   ），使两分离的工件连为一体。
    A. 机械连接   B. 原子间结合   C. 粘结
14. 用焊条电弧焊焊接金属结构，如果采用直流焊机，焊件为薄板时，应选择（   ）。
    A. 正接法   B. 反接法   C. 正反交替接法   D. 随意
15. 下列焊接方法中，不属于压焊的是（   ）。
    A. 摩擦焊   B. 激光焊   C. 点焊   D. 扩散焊
16. 钎焊按（   ）分为软钎焊和硬钎焊两大类。
    A. 接头强度   B. 接头硬度   C. 钎料熔点   D. 钎料硬度
17. 焊接时一般要对被焊区进行保护，以防止空气的有害影响。如焊接低碳钢时，焊条电弧焊、埋弧焊、氩弧焊、电渣焊采取的保护措施分别为（   ）。
    A. 气渣联合、熔渣、保护气体、熔渣
    B. 气渣联合、气渣联合、保护气体、熔渣
    C. 保护气体、熔渣、熔渣、气渣联合
    D. 熔渣、熔渣、气渣联合、保护气体
18. 在焊接性估算中，（   ）的钢材焊接性比较好。
    A. 碳含量高，合金元素含量低
    B. 碳含量中等，合金元素含量中等
    C. 碳含量低，合金元素含量高
    D. 碳含量低，合金元素含量低
19. 对于重要结构，为降低应力，减小变形，提高承载能力，焊后应进行（   ）。
    A. 再结晶退火   B. 去应力退火   C. 扩散退火   D. 完全退火
20. 焊接热影响区中质量相对较好的区域是（   ）。
    A. 过热区   B. 正火区   C. 部分相变区   D. 熔合区
21. 下列焊接方法中，不属于熔焊的是（   ）。
    A. 电渣焊   B. 缝焊   C. 氩弧焊   D. 埋弧焊
22. 对于氩弧焊，下列说法不正确的是（   ）。
    A. 氩气成本较高
    B. 焊接质量好
    C. 电弧稳定
    D. 不适合有色金属材料的焊接
23. 为防止铸铁焊接时产生白口，下列说法不正确的是（   ）。
    A. 减缓冷却速度
    B. 增加有利于石墨化元素的含量
    C. 加快冷却速度
    D. 采用异质材料焊接
24. 下列焊接方法中属于熔焊的是（   ）。
    A. 焊条电弧焊   B. 电阻焊   C. 软钎焊
25. 阴极区的温度是（   ），阳极区的温度是（   ），弧柱区的温度是（   ）。
    A. 2400K   B. 2600K   C. 6000～8000K
26. 对于形状复杂、刚性较大的结构，需要保证焊件结构具有一定的塑性和韧性，应选用抗裂性好的（   ）焊条。
    A. 酸性   B. 低氢型
27. 下列焊接方法的焊接热影响区最宽的是（   ）。
    A. 焊条电弧焊   B. 埋弧焊   C. 电渣焊   D. 氩弧焊

班级		成绩	
姓名		任课教师	
学号		批改日期	

五、切削加工

（一）判断题

1. 形成零件表面的发生线可以是一条或两条。（　　）
2. 切削速度是工件与刀具间的相对速度。（　　）
3. 切削用量三要素对切削力的影响程度是不同的，背吃刀量（切削深度）a_p影响最大，进给量f次之，切削速度v_c影响最小。（　　）
4. 车床的主运动是工件的旋转运动，进给运动是刀具的直线移动。（　　）
5. 钻床的主运动是钻头的旋转运动，进给运动是钻头的轴向移动。（　　）
6. 铣床的主运动是刀具的旋转运动，进给运动是工件的移动。（　　）
7. 牛头刨床刨斜面时，主运动是刨刀的往复直线运动，进给运动是工件的斜向间歇移动。（　　）
8. 龙门刨床刨水平面时，主运动是刨刀的往复直线运动，进给运动是工件的横向间歇移动。（　　）
9. 计算车外圆的切削速度时，应按照已加工表面的直径数值，而不应按照待加工表面的直径数值进行计算。（　　）
10. 牛头刨床的切削速度是指切削行程的平均速度。（　　）
11. 车槽时的背吃刀量（切削深度）等于所切槽的宽度。（　　）
12. 钻孔时的背吃刀量（切削深度）等于钻头的半径。（　　）
13. 切削层是指由切削部分的一个单一动作（或指切削部分切过工件的一个单程；或指只产生一圈过渡表面的动作）所切除的工件材料层。（　　）
14. 刀具前角是前刀面与基面的夹角，刀具后角是主后刀面与切削平面的夹角，它们均在正交平面中度量。（　　）
15. 刀具前角的大小可根据加工条件有所改变，可以是正值，也可以是负值，而后角不能是负值。（　　）
16. 刀具主偏角具有影响切深抗力、刀尖强度、刀具散热状况及主切削刃平均负荷大小的作用。（　　）
17. 与加工脆性材料相比，加工塑性材料时应选用较小的前角和后角。（　　）
18. 工艺系统刚度较差时（如车削细长轴），刀具应选用较大的主偏角。（　　）
19. 精加工与粗加工相比，刀具应选用较大的前角和后角。（　　）
20. 高速工具钢刀具与硬质合金刀具相比，应选用较小的前角与后角。（　　）
21. 受制造方法的限制，硬质合金目前主要用于制造形状比较简单的切削刀具。（　　）
22. 高速工具钢刀具切削时一般要加切削液，而硬质合金刀具切削时不加切削液，这是因为高速工具钢的耐热性比硬质合金好。（　　）
23. 金刚石刀具可以加工任何材料。（　　）

班级		成绩	
姓名		任课教师	
学号		批改日期	

24. 常用的锉刀一般采用高速工具钢制造。（ ）
25. 刀具的安装位置不影响刀具实际的工作角度。（ ）
26. 副偏角越大，加工表面的粗糙度越小。（ ）
27. 粗加工时应选用负的刃倾角，精加工时应选用正的刃倾角。（ ）
28. 带状切屑容易刮伤工件表面，所以不是理想的加工状态。精车时应避免形成带状切屑，而希望形成挤裂切屑（节状切屑）。（ ）
29. 粗加工时产生积屑瘤有一定的好处，故常采用中等切削速度粗加工；精加工时必须避免积屑瘤的产生，故切削塑性材料时，常采用高速或低速精加工。（ ）
30. 在三个切削分力中，车外圆时主切削力 F_z 最大，磨外圆时径向分力 F_y 最大。（ ）
31. 在切削用量中，对切削温度影响最大的因素是背吃刀量（切削深度）。（ ）
32. 切削液具有冷却、润滑、清洗、排屑的作用。（ ）
33. 在生产中，当发现刀具进入急剧磨损阶段后再进行换刀。（ ）
34. 在生产率保持不变的条件下，适当降低切削速度，而加大背吃刀量，可以提高刀具寿命。（ ）
35. 切削用量、刀具材料、刀具几何角度、工件材料和切削液等因素对刀具寿命都有一定的影响，其中切削速度影响最大。（ ）
36. 外圆表面一般在车床、铣床、铣镗床、外圆磨床上均可以加工。（ ）
37. 车削外圆时，车刀刀尖必须与主轴轴线严格等高，否则会出现形状误差。（ ）
38. 在车床上钻孔容易出现轴线偏斜现象，而在钻床上钻孔则容易出现孔径扩大现象。（ ）
39. 铰孔的精度主要取决于机床的精度。（ ）
40. 扩孔或铰孔可完全校正钻孔的轴线偏斜。（ ）
41. 适宜镗削的孔有通孔、不通孔、台阶孔和带内回转槽的孔。（ ）
42. 在工件装夹的稳定性、工作台运动的平稳性、刀具寿命等方面，顺铣均优于逆铣。（ ）
43. 在一般情况下，铣削的生产率要高于刨削，但对于窄长平面，刨削的生产率要高于铣削。（ ）
44. 拉削相当于多刀刨削，粗加工和精加工一次完成，因而生产率高。（ ）
45. 镗削可以纠正孔的偏斜，提高孔的位置精度。（ ）
46. 磨削适用于加工铸铁、碳钢、合金钢。磨削软质的有色金属更加容易。（ ）
47. 磨削细长轴时，常采用纵磨法。（ ）
48. 研磨可以提高工件的表面质量、形状精度、尺寸精度和位置精度。（ ）
49. 粗基准是指粗加工时所使用的基准，精基准是指精加工时所使用的基准。（ ）
50. 电解加工与电火花加工相比，生产率较高，而加工精度较低。（ ）
51. 在硬脆非金属材料上雕刻花纹，最好采用超声波加工。（ ）
52. 用电火花成形机床加工热锻模的型腔时，常用切削加工的方法进行粗加工。（ ）

班级		成绩	
姓名		任课教师	
学号		批改日期	

53. 用激光加工钟表宝石轴承上的小孔时，其生产率比机械加工高得多。（   ）
54. 电火花加工只能用于硬、脆的导电材料，而不能加工软的导电材料。（   ）
55. 冲裁模的凹模可采用电火花成形加工。（   ）
56. 电解加工时，工件阳极电极容易损耗，而工件阴极一般不损耗，可长期使用。（   ）
57. 大批量生产中，加工外螺纹的方法有车削、铣削、滚压、搓螺纹。（   ）
58. 展成法加工齿形的方法有铣齿、滚齿、插齿。（   ）
59. 单件小批生产中，采用通用的夹具、量具和设备。（   ）
60. 零件定位时，允许采用完全定位、不完全定位。（   ）
61. 精基准一般只能使用一次。（   ）
62. 工件在装夹时，被夹具夹持的表面一定是定位基准面。（   ）
63. 工序集中可以提高生产率，所以应尽量采用工序集中的原则。（   ）
64. 最终热处理一般安排在半精加工后、磨削加工前进行。（   ）
65. 阶梯轴零件的主要精基准一般是两端的中心孔。（   ）
66. 支架、箱体类零件的精基准面主要是平面（即安装在机座上的那个面）或重要孔。（   ）
67. 热处理前已加工好的中心孔，热处理后必须研磨，其目的是提高轴类零件进一步加工时的定位精度。（   ）
68. 在制订零件的加工工艺时，粗加工和精加工分开有利于消除零件的内应力、发现铸件的内部缺陷和提高生产率。（   ）
69. 在使用夹具装夹工件时，不能采用不完全定位和过定位的定位方式。（   ）
70. 封闭环是零件加工或机器装配后间接形成的尺寸。（   ）

（二）选择题

1. 在磨床上磨削轴类零件的外圆面时，其主运动是（   ）。
   A. 工件的旋转运动　　　　　　　　B. 砂轮的旋转运动
   C. 砂轮与工件的相对轴向运动　　　D. 以上都不是
2. 制造麻花钻或拉刀的常用刀具材料是（   ）。
   A. 碳素工具钢　　　B. 合金工具钢　　　C. 高速工具钢　　　D. 硬质合金
3. 制造镶齿面铣刀刀齿的常用材料是（   ）。
   A. 碳素工具钢　　　B. 合金工具钢　　　C. 高速工具钢　　　D. 硬质合金
4. 制造锉刀的常用材料是（   ）。
   A. 碳素工具钢　　　B. 合金工具钢　　　C. 高速工具钢　　　D. 硬质合金
5. 影响切削层公称厚度（切削厚度）的主要因素是（   ）。
   A. 切削速度和进给量　　　　　　　B. 背吃刀量（切削深度）和主偏角
   C. 进给量和主偏角

班级		成绩	
姓名		任课教师	
学号		批改日期	

6. 扩孔时的背吃刀量等于（　　）。
   A. 扩孔钻直径
   B. 扩孔钻直径的 1/2
   C. 扩孔钻直径与扩前孔径之差
   D. 扩孔钻直径与扩前孔径之差的 1/2
7. 确定刀具标注角度时参考系选用的三个主要基准平面是（　　）。
   A. 加工表面、已加工表面和待加工表面
   B. 前刀面、主后刀面和副后刀面
   C. 基面、切削平面和正交平面
8. 在切削平面内测量的刀具角度有（　　）。
   A. 前角和后角　　B. 主偏角和副偏角　　C. 刃倾角
9. 在基面内度量的刀具角度有（　　）。
   A. 前角和后角　　B. 主偏角和副偏角　　C. 刃倾角
10. 在正交平面内度量的刀具角度有（　　）。
    A. 前角和后角　　B. 主偏角和副偏角　　C. 刃倾角
11. 用四把主偏角不相等的车刀车削工件外圆表面，除车刀主偏角不等外，其余条件均相同，其中径向力 F_y 最小的是（　　）。
    A. $\kappa_r = 30°$　　B. $\kappa_r = 45°$　　C. $\kappa_r = 60°$　　D. $\kappa_r = 90°$
12. 用四把主偏角不相等的车刀车削工件外圆表面，除车刀主偏角不相等外，其余条件均相同，其中使已加工表面的表面粗糙度值最小的是（　　）。
    A. $\kappa_r = 30°$　　B. $\kappa_r = 45°$　　C. $\kappa_r = 60°$　　D. $\kappa_r = 90°$
13. 影响刀具的锋利程度、减少切屑变形、减小切削力的刀具角度是（　　）。
    A. 主偏角　　B. 前角　　C. 副偏角　　D. 后角
14. 影响切削层参数、切削分力的分配、刀尖强度及散热情况的刀具角度是（　　）。
    A. 主偏角　　B. 前角　　C. 副偏角　　D. 刃倾角
    E. 后角
15. 影响刀尖强度和切屑流出方向的刀具角度是（　　）。
    A. 主偏角　　B. 前角　　C. 副偏角　　D. 刃倾角
    E. 后角
16. 刀具上能使主切削刃的工作长度增大的几何要素是（　　）。
    A. 增大前角　　B. 减小后角　　C. 减小主偏角
    D. 增大刃倾角
17. 减小积屑瘤生成趋势的方法是（　　）。
    A. 减小前角
    B. 增大前刀面的表面粗糙度
    C. 不使用切削液
    D. 采用高速切削
18. 车外圆时能使切屑流向工件待加工表面的几何要素是（　　）。
    A. 刃倾角大于 0°　　B. 刃倾角小于 0°　　C. 前角大于 0°　　D. 前角小于 0°
19. 当工艺系统刚度较差时，如车削细长轴的外圆，应该使用（　　）。
    A. 尖头车刀　　B. 45°弯头刀　　C. 90°右偏刀　　D. 圆弧头车刀

班级		成绩	
姓名		任课教师	
学号		批改日期	

20. 安装外圆车刀时，刀尖低于工件回转中心，与其标注角度相比，其工作角度将会（　　）。
   A. 前角不变，后角变小　　　　　　　B. 前角变大，后角变小
   C. 前角变小，后角变大　　　　　　　D. 前、后角均不变
21. 下列刀具材料中，强度和韧性最好的材料是（　　）。
   A. 高速工具钢　　B. 钨钛钴类硬质合金　C. 钨钴类硬质合金　　D. 合金工具钢
22. 下列刀具材料中，综合性能最好，适宜制造形状复杂的机用刀具的材料是（　　）。
   A. 碳素工具钢　　B. 合金工具钢　　C. 高速工具钢　　D. 硬质合金
23. 车削外圆表面时，切削热传出途径中所占比例最大的是（　　）。
   A. 刀具　　　　　B. 工件　　　　　C. 切屑　　　　　D. 空气介质
24. 磨削一般采用低浓度的乳化液，这主要是因为（　　）。
   A. 润滑作用强　　B. 冷却、洗涤作用强　C. 缓蚀作用好　　D. 成本低
25. 用硬质合金刀具高速切削时，一般（　　）
   A. 用低浓度乳化液　B. 用切削液　　C. 不用切削液　　D. 用少量切削液
26. 当工件的强度、硬度、塑性越大时，刀具寿命（　　）。
   A. 不变　　　　B. 有时长，有时短　　C. 越长　　　D. 越短
27. 刀具磨钝的标准是规定控制（　　）。
   A. 刀尖磨损量，后刀面磨损高度　　　B. 前刀面月牙洼的深度
   C. 后刀面磨损的高度
28. 刀具磨损过程分为三个阶段，刀具刃磨或换刀应该在（　　）。
   A. 初期磨损之后　　B. 正常磨损中间　　C. 急剧磨损之前
29. 可以改善材料切削加工性的因素是（　　）。
   A. 提高材料的强度和塑性　　　　　　B. 提高材料的导热性
   C. 提高切削速度
30. 不适宜车削加工的材料有（　　）。
   A. 碳钢　　　　B. 灰铸铁　　　　C. 有色金属　　　D. 淬火钢
31. 钻、扩、铰适宜加工（　　）。
   A. 大孔　　　　　　　　　　　　　　B. 阶梯孔
   C. 位置尺寸精度要求高的孔　　　　　D. 具有尺寸精度要求的小孔
32. 不适宜在镗床上镗削加工的孔有（　　）。
   A. 细长小孔　　B. 不通孔　　　C. 带内回转槽的孔　　D. 锥孔
33. 大平面加工效率最高的加工方法是（　　）。
   A. 车削　　　　B. 端铣　　　　C. 周铣　　　　D. 刨削
34. 大批量生产中，具有一定精度要求、有键槽的通孔加工的方法是（　　）。
   A. 扩孔　　　　B. 铰孔　　　　C. 镗孔　　　　D. 拉孔
35. 不属于麻花钻钻孔特点的是（　　）。
   A. 钻孔易引偏　　B. 排屑困难　　C. 散热条件差　　D. 加工精度高

班级		成绩	
姓名		任课教师	
学号		批改日期	

36. 车削细长轴时，为了减少工件弯曲变形，所用偏刀的主偏角最好选用（   ）。
    A. 30°   B. 45°   C. 60°   D. 75°   E. 90°
37. 孔加工中背吃刀量最小的加工方法是（   ）。
    A. 钻孔   B. 扩孔   C. 铰孔   D. 研磨孔
38. 可以提高孔的位置精度的加工方法是（   ）。
    A. 铰孔   B. 扩孔   C. 磨孔   D. 拉孔
39. 螺纹的配合尺寸是（   ）。
    A. 大径   B. 中径   C. 小径
40. 车单线螺纹时，为获得准确的螺距，必须（   ）。
    A. 正确调整主轴与丝杠间的换向机构   B. 保证工件转一转，车刀纵向移动一个螺距
    C. 正确刃磨车刀   D. 正确安装车刀
41. 最常用的齿轮齿形轮廓曲线是（   ）。
    A. 圆弧线   B. 摆线   C. 正旋线   D. 渐开线
42. 仅能减小表面粗糙度值的精整加工方法是（   ）。
    A. 研磨   B. 珩磨   C. 抛光   D. 超级光磨
43. 轴向距离很近的双联齿轮齿形加工时常采用的加工方法是（   ）。
    A. 滚齿   B. 铣齿   C. 插齿   D. 磨齿
44. 工件装夹时，绝对不能采用（   ）。
    A. 完全定位   B. 不完全定位   C. 过定位   D. 欠定位
45. 零件加工时，粗基准面一般为（   ）。
    A. 工件的毛坯表面   B. 工件的已加工表面   C. 工件的待加工表面
46. 零件加工时，精基准面一般为（   ）。
    A. 工件的毛坯表面   B. 工件的已加工表面   C. 工件的待加工表面
47. 在单动卡盘上装夹工件对已加工表面进行找正时，一般采用（   ）。
    A. 划线盘   B. 卡尺   C. 千分尺   D. 百分表
48. 调质一般安排在（   ）。
    A. 毛坯制造之后 B. 粗加工之后   C. 半精加工之后 D. 精加工之后
49. 退火一般安排在（   ）。
    A. 毛坯制造之后 B. 全部加工之后 C. 半精加工之后 D. 精加工之后
50. 淬火一般安排在（   ）。
    A. 毛坯制造之后 B. 粗加工之后   C. 半精加工之后 D. 精加工之后
51. 安装是指（   ）。
    A. 工件定位   B. 工件夹紧   C. 定位后夹紧   D. 限制自由度
52. 采用长形 V 形块定位时限制的自由度数量是（   ）。
    A. 1 个   B. 2 个   C. 3 个   D. 4 个

班级		成绩	
姓名		任课教师	
学号		批改日期	

53. 采用长心轴定位时限制的自由度数量是（　　　）。
    A. 1个　　　　　　B. 2个　　　　　　C. 3个　　　　　　D. 4个
54. 如果一面两销定位时，采用两个圆柱销，该现象属于（　　　）。
    A. 完全定位　　　B. 不完全定位　　C. 过定位　　　　D. 欠定位
55. 精基准选择时，如果选择设计基准作为定位基准，则符合（　　　）。
    A. 基准重合原则　B. 基准同一原则　C. 互为基准原则　D. 自为基准原则
56. 工件上的键槽、螺纹孔等次要表面的加工应安排在（　　　）。
    A. 粗加工中　　　B. 半精加工中　　C. 精加工中　　　D. 精加工之后

班级		成绩	
姓名		任课教师	
学号		批改日期	

自测题答案

一、工程材料

（一）判断题

1. 错误 2. 错误 3. 正确 4. 正确 5. 错误 6. 错误 7. 错误 8. 正确 9. 正确 10. 错误 11. 正确 12. 正确 13. 正确 14. 正确 15. 错误 16. 正确 17. 错误 18. 错误 19. 错误 20. 正确 21. 正确 22. 错误 23. 正确 24. 正确 25. 错误 26. 正确 27. 正确 28. 正确 29. 错误 30. 错误 31. 正确 32. 正确 33. 正确 34. 正确 35. 正确 36. 正确 37. 正确 38. 错误 39. 错误

（二）选择题

1. B 2. B 3. C 4. B 5. D 6. B 7. B 8. A 9. B 10. B 11. B 12. A，C 13. A，B 14. C，B，A 15. B，D 16. A，C 17. B，A，D，C 18. B，A，C，D 19. B，D，E，G，A，C，F 20. C，D，A，B 21. F，A，B，E，D，C 22. A 23. B 24. F，D，A 25. C，D，A 26. D，D，A 27. F，B 28. C，A 29. D

二、金属的液态成形

（一）判断题

1. 正确 2. 正确 3. 错误 4. 错误 5. 错误 6. 正确 7. 正确 8. 正确 9. 正确 10. 错误 11. 错误 12. 正确 13. 正确 14. 正确 15. 正确 16. 正确 17. 正确 18. 正确 19. 错误 20. 正确 21. 正确 22. 正确 23. 正确 24. 正确 25. 正确 26. 正确 27. 正确 28. 错误 29. 错误 30. 正确 31. 正确 32. 错误 33. 正确

（二）选择题

1. A 和 C，B 2. B 3. A 4. D 5. D 6. A 和 D，B 和 C 7. B，C 8. D 9. C 10. B，A 11. B 12. A 13. C 14. A 15. B 16. D 17. D，D，A

三、金属的塑性成形

（一）判断题

1. 正确 2. 错误 3. 正确 4. 错误 5. 正确 6. 正确 7. 正确 8. 正确 9. 错误 10. 正确 11. 正确 12. 正确 13. 正确 14. 错误 15. 正确 16. 错误 17. 错误 18. 正确 19. 正确 20. 正确 21. 正确 22. 正确 23. 正确 24. 正确 25. 正确 26. 正确 27. 错误 28. 错误 29. 正确 30. 正确 31. 错误 32. 正确 33. 正确 34. 正确 35. 正确 36. 正确 37. 错误 38. 错误 39. 正确 40. 错误 41. 错误 42. 正确 43. 错误 44. 正确 45. 正确 46. 错误 47. 正确 48. 正确

（二）选择题

1. B 2. C 3. B 4. A 5. B 6. D 7. B 8. D 9. D 10. B 11. A 12. D 13. C 14. C 15. C 16. D 17. B 18. B 19. C 20. A 21. B 22. C 23. D 24. D 25. B 26. B，B，A 27. C 28. A 29. B 30. C 31. A 32. D 33. B 34. D 35. D 36. B 37. D

四、材料的焊接成形
　　(一) 判断题
1. 错误　2. 错误　3. 错误　4. 错误　5. 错误　6. 正确　7. 正确　8. 错误　9. 正确　10. 错误　11. 正确　12. 错误　13. 正确　14. 错误　15. 正确　16. 正确　17. 正确　18. 正确　19. 错误　20. 正确　21. 错误　22. 错误　23. 错误　24. 正确　25. 正确　26. 正确　27. 正确　28. 错误　29. 正确　30. 正确　31. 正确　32. 正确　33. 正确　34. 正确　35. 正确　36. 正确　37. 正确　38. 错误　39. 正确　40. 错误　41. 正确　42. 正确　43. 正确　44. 错误　45. 错误　46. 正确　47. 错误　48. 正确　49. 正确　50. 错误

　　(二) 选择题
1. D　2. C　3. C　4. C　5. D　6. D　7. D　8. C　9. D　10. A　11. D　12. C　13. B　14. B　15. B　16. C　17. B　18. D　19. B　20. B　21. B　22. D　23. C　24. A　25. A, B, C　26. B　27. C

五、切削加工
　　(一) 判断题
1. 错误　2. 错误　3. 正确　4. 正确　5. 正确　6. 正确　7. 正确　8. 正确　9. 错误　10. 正确　11. 正确　12. 正确　13. 正确　14. 正确　15. 正确　16. 正确　17. 错误　18. 正确　19. 正确　20. 错误　21. 正确　22. 错误　23. 正确　24. 错误　25. 错误　26. 错误　27. 正确　28. 错误　29. 正确　30. 正确　31. 正确　32. 正确　33. 错误　34. 正确　35. 正确　36. 错误　37. 正确　38. 错误　39. 正确　40. 正确　41. 正确　42. 正确　43. 正确　44. 正确　45. 正确　46. 错误　47. 正确　48. 正确　49. 错误　50. 正确　51. 正确　52. 正确　53. 正确　54. 正确　55. 正确　56. 正确　57. 正确　58. 错误　59. 正确　60. 正确　61. 错误　62. 错误　63. 错误　64. 正确　65. 正确　66. 正确　67. 正确　68. 正确　69. 正确　70. 正确

　　(二) 选择题
1. B　2. C　3. D　4. A　5. C　6. D　7. C　8. C　9. B　10. A　11. D　12. A　13. B　14. A　15. D　16. C　17. D　18. A　19. C　20. C　21. A　22. C　23. C　24. B　25. C　26. D　27. C　28. C　29. B　30. D　31. D　32. A　33. B　34. D　35. D　36. E　37. D　38. C　39. B　40. B　41. D　42. D　43. C　44. D　45. A　46. B　47. D　48. B　49. A　50. C　51. C　52. D　53. D　54. C　55. A　56. B